Yvonne Oswald
Ausseerland

Yvonne Oswald

Ausseerland

braumüller

Bibliografische Information der Deutschen Nationalbibliothek
Die Deutsche Nationalbibliothek verzeichnet diese Publikation in der Deutschen Nationalbibliografie; detaillierte bibliografische Daten sind im Internet über http://dnb.d-nb.de abrufbar.

Das Werk ist urheberrechtlich geschützt. Die dadurch begründeten Rechte, insbesondere die der Übersetzung, des Nachdrucks, der Entnahme von Abbildungen, der Funksendung, der Wiedergabe auf fotomechanischem oder ähnlichem Wege, der Wiedergabe im Internet und der Speicherung in Datenverarbeitungsanlagen, bleiben, auch bei nur auszugsweiser Verwertung, vorbehalten.

1. Auflage 2014

© 2014 by Braumüller GmbH
Servitengasse 5, A-1090 Wien
www.braumueller.at

Fotografien und Text: Yvonne Oswald
http://www.yvonneoswald.at
Grundtext und Recherche: Sandra Vlasta

Fotografien auf den Seiten 29 oben und 31 unten:
Robert Seebacher

Historische Fotos:
Seite 11: Archiv Salinen Austria AG
Seite 26: Archiv für Wissenschaftsgeschichte, Naturhistorisches Museum Wien

Druck: Gorenjski tisk storitve, Kranj

ISBN 978-3-99100-120-1

Vorwort

„Das Ausseerland – ein Versuch" müsste der eigentliche Titel dieses Buches lauten. So viel Geschichte, so viele Geschichten, unmöglich alles in einem Buch unterzubringen. Es können also nur Streifzüge durch eine geliebte Gegend bleiben, fotografisch wie textlich. Jedes Mal, wenn der Pötschenpass überwunden ist und Loser und Trisselwand endlich in Sicht sind, kommen mir Wörter wie „Geborgenheit" und „Zuhause" in den Sinn. Ich bin hier nicht zu Hause, und doch ist da bei jedem Besuch dieses besondere Gefühl. Die „Ausseer Krankheit" hat mich also fest im Griff. Schon als Kind zu Familientreffen ins Ausseerland kommandiert, machte erst ein verregneter, glücklicher Sommer in Altaussee klar, was mir die Gegend bedeutet. Viel später dann schickte mich Erich Lessing, Lehrer und Mentor, zum Braumüller Verlag und meinte, ich hätte ohnehin so viele Fotos der Gegend und da sie ein Buch über das Salzkammergut planten, sollte ich doch einmal mit ihnen reden. Aus diesem Gespräch sind in der Zwischenzeit fünf Bücher über das Salzkammergut entstanden. Nunmehr sechs Jahre fotografischer Arbeit über die Gegend haben mir gezeigt, wie vielschichtig sie ist. Will man sie erfassen, braucht man Zeit, viel Zeit, Einfühlungsvermögen, Geduld und auch ein wenig Glück.

Bewusst habe ich vermieden, auf das so oft beschriebene, besondere Wesen der Ausseer einzugehen und möchte dazu einen wirklich berufenen Autor, Alfred Komarek, Ausseer von Geburt, zitieren: „Je mehr Gäste kamen, je schneller der Rhythmus der Veränderungen war, den sie diktierten, desto störrischer wurden die Ausseer, wenn es darum ging, etwas zu bewahren, das auch sie nur erahnten. Sie machten allerdings nicht den Fehler, Türen und Fenster zu verriegeln, im Gegenteil: Sie öffneten, was immer sich öffnen ließ, und ihre Gäste beeilten sich dermaßen, dieser Einladung zu folgen, daß kaum einer dazu kam, irgendwann innezuhalten und hinter die Dinge zu spähen."

Halten Sie inne, spähen Sie mithilfe meiner Bilder hinter die Dinge und erahnen Sie, was hier bewahrt wurde.

Inhalt

Einleitung Seite 5

Geschichte des Ausseerlandes Seite 6

In den Bergen Seite 28

Tracht und Handwerk Seite 40

Künstler im Ausseerland Seite 56

Kulinarisches Ausseerland Seite 72

Musik Seite 84

Brauchtum Seite 92

Bad Aussee Seite 114

Altaussee Seite 132

Grundlsee Seite 154

Das Hinterbergertal Seite 176

Pürgg Seite 190

Danksagungen und Literatur   Seite 200
Sach-, Orts- und Personenregister   Seite 202
Nachwort   Seite 204

Einleitung

Das Ausseerland ist eine der landschaftlich reizvollsten Regionen Österreichs. Es teilt sich in das eigentliche Ausseerland mit den Gemeinden Altaussee, Bad Aussee und Grundlsee sowie das Hinterbergertal mit den Gemeinden Pichl-Kainisch, Tauplitz und Bad Mitterndorf. Gemeinsam bilden sie das „steirische Salzkammergut". Vom Hallstätter See und Obertraun über den Pötschenpass oder aus dem Ennstal kommend, erreicht man die Grenze dieser südöstlichsten Region des Salzkammerguts. Geprägt wird die Landschaft durch ihre Gewässer und die umliegenden Berge. Altausseer See, Grundlsee, Toplitzsee, Kammersee und Ödensee sind nur einige davon. Umrahmt werden sie vom Dachsteinmassiv, dem Sarsteinstock, dem Sandling und dem Toten Gebirge; den Abschluss nach Süden bildet der beeindruckende Grimmingstock. Verbindungswege nach außen führen entweder durch enge Täler oder über steile Pässe. Das Ausseerland ist also geografisch ein abgeschlossenes Gebiet. Diese Abgeschlossenheit und sein wertvollster Rohstoff, das Salz, haben über Jahrhunderte seine Geschichte geprägt.

Ab der Mitte des 19. Jahrhunderts wurde das Ausseerland zum beliebten Reiseziel. Nicht nur die malerische Landschaft war es, die Aristokraten, wohlhabende Bürger und Künstler anzog, sondern auch die Romantisierung des Landlebens, das im Ausseerland noch authentisch gelebt wurde. Auch heute findet sich hier andernorts schon längst vernachlässigtes Handwerk.

Gelebtes Brauchtum und Musik haben bei allen Generationen ihren festen Platz im Jahreslauf. Alte Holzhäuser neben eleganten Villen, weitläufige Wiesen und eindrucksvolle Bergkulissen machen das Ausseerland zu einem besonderen Ort – was auch die zahlreichen Gäste, die sich hier regelmäßig zur Sommerfrische einfinden, erkannt haben. Dennoch hat sich die Gegend noch nicht ganz dem Tourismus unterworfen. Das Ausseerland sieht sich auch heute noch selbstbewusst als eigenständiges Gebiet – nicht zuletzt sagt man über jemanden, der es verlässt, und sei es nur, um sich in einem der angrenzenden Orte niederzulassen, er gehe ins „Ausland" oder nach „Österreich".

Vorseite: Fenster einer Villa in Altaussee
Links: Auf dem Weg zur Lechpartie am Altausseer See

Geschichte
des Ausseerlandes

Die ältesten Spuren menschlicher Präsenz im Ausseerland stammen aus dem Paläolithikum. Durch den Fund von Jagdstationen in Höhlen des Toten Gebirges lässt sich eine Besiedlung in der Altsteinzeit nachweisen. Als bekannteste Fundstätte gilt die Salzofenhöhle in der Nähe der Lahngangseen, hoch über dem Grundlsee. Hier fand man altsteinzeitliche Knochenreste verschiedener Tiere und Spuren menschlicher Besiedlung. Trotz diverser Grabfunde im Koppental gibt es bis heute keinen gesicherten Hinweis darauf, dass das Ausseerland während der Bronze- oder der Hallstattzeit keltisches Siedlungsgebiet war. Erst in der jüngeren Eisenzeit (La-Tène-Zeit) lässt sich eine Besiedlung nachweisen. Mit der Übernahme der Römer 15 v. Chr. endete die Zeit der Kelten. Diverse archäologische Funde belegen die Anwesenheit der Römer im Ausseerland. Ihnen sind die ersten Straßen in der Region zu verdanken. Einigermaßen fest steht, dass es eine Verbindung vom Ennstal über Bad Aussee nach Altaussee in Richtung Lauffen gab. Eine Verbindung über den Pötschen konnte bis jetzt nicht nachgewiesen werden, allerdings existierte eine römische Siedlung an der Südwestseite des Sandlings. Mit der Völkerwanderung erreichten dann um 600 n. Chr. slawische Verbände, bedrängt durch die Awaren, aus dem Osten kommend das Ausseerland. Mit der bairischen Kolonisation und der Eingliederung in das Frankenreich gingen die Slawen ab 955 n. Chr. allmählich in der bairisch dominierten Bevölkerung auf. Es entstand eine bairisch-slawische Mischkultur. Das Krungler Gräberfeld bei Bad Mitterndorf gilt als wertvolles Zeugnis altslawischer Kultur. Viele Ortsbezeichnungen im Ausseerland wie Gößl, Loser, Tressen oder Pötschen sind gesichert slawischen Ursprungs, wenn auch ihre Bedeutung nicht immer eindeutig festgelegt werden kann. So leitet man zum Beispiel den Namen Aussee entweder vom slawischen Osojah oder Osoje, das heißt schattenreicher Ort, oder wohl eher von Usce, Mündung, her.

Bei Wienern am Grundlsee

Salz

Salzkammergut – der Name der Region macht bereits deutlich, worauf ihr Reichtum gründet: Salz, das weiße Gold. Die Geschichte des kostbaren Gutes ist untrennbar mit jener des Ausseerlandes und Hallstatts verbunden. Nach den neuesten archäologischen Funden ist anzunehmen, dass diese Verbindung vor rund 7000 Jahren begonnen hat, und nach wie vor ist Salz, abgesehen von der wunderbaren Landschaft, einer der Schätze der Region.

„Ohne Salz, mein Gott, kann man kein zivilisiertes Leben führen", sagte Plinius der Ältere im 1. Jahrhundert n. Chr. Tatsächlich ist Salz notwendig, um lebenswichtige Körperfunktionen aufrechtzuerhalten. Aber auch die heilende Wirkung von Salz, etwa in Form von Salzbädern, wurde bereits im 16. Jahrhundert erkannt. In prähistorischer Zeit konnten die Menschen ihren Salzbedarf durch den Verzehr von Fleisch decken. Tiere benötigen ebenfalls Salz, und sie waren es auch, die die Menschen zu den Salzquellen geführt haben. Als man begann, Lebensmittel durch Trocknen, Dörren oder Räuchern haltbar zu machen, entdeckte man, dass die Beigabe von Salz eine wirkungsvolle Methode ist. Dies eröffnete die Möglichkeit zum Handel mit Lebensmitteln auch über längere Distanzen hinweg. Da Salz nicht überall verfügbar war, wurde es zum begehrten und teuren Handelsgut. Der Reichtum vieler Fürsten- und

See und Bühne im Altausseer Salzbergwerk

Oben: Gefaltete Steinsalzschichten im Altausseer Bergwerk
Unten: Das Steinberghaus in Altaussee

Bistümer gründete auf dem Salzwesen. Über den Beginn des Salzabbaus im Salzkammergut weiß man wenig, die frühesten Funde am Salzberg in Hallstatt – ein Pickel aus Hirschgeweih sowie einige Steinbeile – sind ungefähr 7000 Jahre alt. Allerdings ist es bislang nicht gelungen, die vielen Rätsel, die sich aus den Funden ergeben, zu klären.

Der prähistorische Salzabbau konzentriert sich auf zwei Perioden: die mittlere Bronzezeit (um 1500 v. Chr.), aus der die ältesten Nachweise für Salzbergbau stammen, und die Hallstattzeit (900 v. Chr. bis Mitte des 5. Jahrhunderts v. Chr.). Der bronzezeitliche Bergbau fand wohl durch Felsstürze und Muren sein Ende.

300 Jahre nach dem Ende des bronzezeitlichen Salzabbaus begann jene Periode, deren Name von dem Hauptfundort abgeleitet wurde: die Hallstattzeit. Es ist die wahre Blütezeit des

prähistorischen Salzabbaus, während der Hallstatt zu einem bedeutenden Wirtschaftszentrum wurde. Im Unterschied zur Bronzezeit, aus der wir hauptsächlich Spuren des Salzabbaus, aber kaum solche des täglichen Lebens haben, ist aus der Hallstattzeit mit dem Gräberfeld ein Zeugnis prähistorischer Zeit erhalten. Die wichtigsten frühen Ausgrabungen stammen aus der Mitte des 19. Jahrhunderts, als Bergmeister Johann Georg Ramsauer insgesamt 980 Gräber freilegte und diese systematisch und detailliert dokumentierte. Bis in die heutige Zeit wurden mittlerweile 1500 Gräber zutage gebracht. Die erhaltenen Grabbeigaben erzählen nicht nur von den Bestattungen, sondern auch von den Handelskontakten. Der hallstattzeitliche Bergbau ging durch eine Katastrophe jäh zu Ende. Um die Mitte des 4. Jahrhunderts v. Chr. wurde das Hochtal von einer Mure erfasst, die den weiteren Salzabbau unmöglich machte.

Auch im Salzberg des Ausseerlandes, dem Sandling, wurden bei Ausgrabungen am Michelhallberg jüngst Zeugnisse frühgeschichtlichen und wahrscheinlich sogar urgeschichtlichen Salzabbaus gefunden. Allerdings ist der Nachweis eines prähistorischen Salzbergbaus schwierig. Zwar enthält der Sandling riesige Salzlagerstätten, der Salzbergbau ist dort aber immer wieder von großen Bergrutschen und Wassereinbrüchen behindert worden. Daher nimmt man an, dass viele prähistorische Zeugnisse von diesen Naturereignissen zerstört wurden. Der letzte große Bergrutsch am Sandling fand 1920 statt und dauerte mehrere Monate an.

Oben: Einfahrt zum Breunerbergstollen am Sandling
Unten: Arbeit in der Sudpfanne in Bad Aussee, historisches Foto

Die Habsburger, die Pfannhauser und die Hallinger

Die erste urkundliche Nennung des Salzabbaus am Sandling datiert von 1147, als Markgraf Ottokar III. dem Stift Rein bei Graz zwei Salzpfannen am Ahornberg schenkte. Somit befinden sich die ältesten Stollen am Ahornberg und Moosberg (1215). Allerdings musste der ergiebige Stollen am Ahornberg wegen der vielen Einbrüche wieder aufgegeben werden. Wahrscheinlich wurden direkt an den Stollen die ersten Schöpfgruben und Wehre zur Gewinnung des Salzes angelegt. Später wurden kleine Sudhäuser in der Nähe des Salzberges gebaut. Als die Wälder in diesem Bereich weitgehend abgeholzt waren, begann man, die Sole über Leitungen ins Tal zu bringen und die großen Sudhäuser – im heutigen Bad Aussee – am Zusammenfluss der Altausseer und der Grundlseer Traun zu errichten. Es war einfacher, das Holz für die Befeuerung der Sudhäuser hierherzubringen und das getrocknete Salz dann zu verschiffen.

Ab 1282 wurden die östlichen Teile des heutigen Salzkammerguts von den Habsburgern regiert, die den lukrativen Salzabbau in der Region verstärkt betrieben. Damit standen sie in Konkurrenz zum Erzbistum Salzburg und der Salzproduktion am Halleiner Dürrnberg. Die Habsburger hatten im Salzkammergut jedoch zwei Salzvorkommen zur Verfügung: Hallstatt und Altaussee. Die Konkurrenz zwischen dem Salzburger Erzbischof und den Habsburgern führte schon bald

Gewitterstimmung über dem Sandling, Altaussee
Umseitig: Spiegelung der Trisselwand im Altausseer See

Grabstein an der Pfarrkirche St. Paul, Bad Aussee

zum Salzkrieg (1291–1297), an den noch heute hoch über den Dächern Hallstatts der mächtige Rudolfsturm erinnert. Als Albrecht I. 1308 starb, übernahm seine Witwe Elisabeth von Görz-Tirol die Neuorganisation des Salzwesens. Sie machte die Salzberge sowie das für den Transport des Salzes wichtige Trauntal zum „Kammergut" und somit zum Privatbesitz der Habsburger. Bis ins 16. Jahrhundert wurde das Salzkammergut allerdings „Ischlland" genannt. Die Salzvorkommen waren zu einer der wichtigsten Einnahmequellen der Landesfürsten geworden. Entsprechend ernst nahm man seine Verwaltung. Der „Salzamtmann", der als hoher kaiserlicher Beamter nur der Hofkammer verpflichtet war, hatte von seinem Amtssitz in Gmunden aus die Oberhoheit über praktisch alle Belange der Bevölkerung. Aus- und Einreisen in die Region waren kaum möglich, Sesshaftigkeit war verpflichtend. Auch Eheschließungen wurden reglementiert. Die Bevölkerung war zwar von Militärdienst und Steuern befreit und medizinisch versorgt, aber die Konkurrenz mit Hallein wirkte sich negativ auf die Lebensbedingungen aus. Aufstände wurden brutal niedergeschlagen, den Einheimischen blieb nur die Unterwerfung unter die jeweiligen Herrscher. Ende des 14. Jahrhunderts beschlossen die beiden Söhne Albrechts II. den „Neuberger Teilungsvertrag": Albrecht III. erhielt unter anderem Hallstatt, Ober- und Niederösterreich, Leopold III. unter anderem die Steiermark und damit die Saline Aussee.

In Aussee hatte sich eine eigene Organisationsform des Salzabbaus gebildet: Die Betreiberinnen und Betreiber der Sudstätten, genannt die „Hallinger", wurden weitgehend unabhängig von den Habsburgern. Zu den ältesten dieser Hallinger Familien zählten die Khalß, ursprünglich im 13. Jahrhundert aus Baiern eingewandert. Auch heute noch begegnet man dem Namen Khalß im Ausseerland. Bald konnten die Hallinger die vielen Aufgaben nicht mehr selbst erledigen, sondern beschäftigten

Arbeiter, die sogenannten „Pfannhauser". Die Hallinger wurden im Ausseerland so wohlhabend und mächtig, dass sie 1334 schließlich ihre Macht auch offiziell verbrieft haben wollten: Die landesfürstliche Vorherrschaft sollte in einen genossenschaftlichen Betrieb umgewandelt werden und den Hallingern unterstehen. Albrecht II. und Otto bürdeten ihnen jedoch für ihre Dreistigkeit hohe Strafen auf. Die Genossenschaft wurde zwar gebildet, blieb aber ohne Rechte. 1448 ließ Kaiser Friedrich III. die Genossenschaft auflösen und in landesfürstlicher Eigenregie weiterführen.

Die 1517 von Martin Luther ausgelöste Reformation erreichte das Ausseerland um 1525. Der Großteil der Bevölkerung konvertierte zum protestantischen Glauben. Heftig fiel Ende des 16. Jahrhunderts die Gegenreformation aus: Bauern und Bergknappen wurden gewaltsam rekatholisiert, protestantischer Adel verlor Grund und Boden. Es folgten Jahrzehnte der Unterdrückung und Verfolgung, viele wurden zur Auswanderung gezwungen. Trotz dieser harten Vorgangsweise konnten sich Protestanten im Salzkammergut halten: Als Kaiser Joseph II. 1781 mit dem Toleranzpatent Religionsfreiheit zusicherte, bekannten sich ganze Ortschaften zum Protestantismus. Noch immer gibt es in der Region Orte, die großteils protestantisch sind – eine Besonderheit im überwiegend katholischen Österreich.

Anfang des 16. Jahrhunderts waren sowohl der oberösterreichische als auch der steirische Teil des Salzkammerguts wieder fest in der Hand der Habsburger. Maximilian I. gelang neben der Wiedervereinigung der beiden Habsburgerlinien auch die Reform der Salinen. Über lange Zeit war den Ausseern eine Anstellung im Salzberg erblich garantiert und somit relative wirtschaftliche Sicherheit gegeben. Mit dem Bevölkerungswachstum und der Abnahme der Bedeutung der Salzbergwerke änderte sich das und für die Ausseer brachen harte Zeiten an, die sich erst mit dem Aufkommen des Fremdenverkehrs im 19. Jahrhundert wieder ändern sollten.

Erzherzog Johann und Anna Plochl

Erzherzog Johann von Österreich (1782–1859) besuchte das Ausseerland erstmals im Jahre 1816. Tief enttäuscht, nach dem Verlust des Landes Tirol, hatte er 1810 Wien verlassen und versuchte nun in der Steiermark als Privatmann Bergbau und Landwirtschaft aufzubauen. Er bereiste alle Teile der Steiermark, um sich ein Bild von den herrschenden Zuständen zu machen. Bei einem Tanz am Grundlsee sah er 1816 das erste Mal Anna Plochl (1804–1885), die Tochter des Postmeisters von Aussee. Im Jahre 1819 trafen sie sich am Toplitzsee wieder und es begann die romantischste und berühmteste Liebesgeschichte des 19. Jahrhunderts. Erst 1829 gab Johanns Bruder Kaiser Franz I. nach langem Zögern sein Einverständnis und Anna und Johann konnten heiraten. Mit dem Erzherzog lebte Anna, nun Freiin von Brandhofen, erst in Vordernberg, dann am Brandhof und in Graz sowie auf Schloss Stainz, später auch in Schloss Schenna und in Frankfurt am Main. 1839 wurde ihr einziger Sohn Franz geboren, der die Familie der Grafen von Meran begründete. Die Familie hat heute über 1200 Nachkommen. Als Erzherzog Johann 1859 starb, verwaltete Anna sein Erbe umsichtig und geschickt. Ihre letzten Lebensjahre bis zu ihrem Tod am 4. August 1885 verbrachte sie in ihrem Geburtshaus in Bad Aussee. Erzherzog Johann ging als großer Modernisierer in die Geschichte der Steiermark ein.

Er gründete 1811 das Joanneum in Graz, unter anderen gehen auch die Gründung des Landesarchivs, der Landesbibliothek, der Steiermärkischen Sparkasse, der Montanuniversität und der Landwirtschaftskammer auf seine Anregung zurück. Ebenso begründete er landwirtschaftliche Mustergüter, förderte den Bergbau, das Schulwesen und die Volkskunde. Auf seine Initiative hin wurde die Südbahn von Budweis nach Triest gebaut. Erzherzog Johanns Ansehen wird heute noch im Ausseerland hochgehalten.

Die „Salzprinzen" verändern die Region

Seit jeher war das Salzkammergut für die Habsburger nicht nur eine wirtschaftlich bedeutende Region, sondern auch beliebtes Jagd- und Erholungsgebiet. Die Lebensrealität der Bevölkerung sah aber ganz anders aus: Die Arbeiter in den Salzbergwerken verdienten so wenig, dass sie ums Überleben kämpften. Bei der schweren Arbeit waren Männer wie Frauen gleichermaßen eingesetzt, der Gesundheitszustand eines Großteils der Bevölkerung war miserabel. Dies brachte den Salinenarzt Dr. Josef Götz dazu, Hautkrankheiten, Gicht oder Rheumatismus versuchsweise mit warmen Solebädern zu behandeln. Sein Erfolg beeindruckte den prominenten Wiener Arzt Dr. Franz Wirer. Er ließ sich in Ischl nieder, und begeisterte reiche Patienten aus ganz Europa mit seinen Kuren. Der Durchbruch Ischls als Kurort ist wiederum den Habsburgern zu verdanken: Als die Ehe zwischen Erzherzog Franz Karl und Prinzessin Sophie von Bayern kinderlos blieb, verordnete die Prinzessin ihrer Beziehung Kurluft in Ischl. Die Therapie zeigte Wirkung: Sophie gebar insgesamt drei Söhne, einer davon war Franz Joseph, der spätere Kaiser von Österreich-Ungarn. Die Familie

Links: Denkmal für Erzherzog Johann von Österreich, Kurpark Bad Aussee

Oben: Eingang einer Villa in Altaussee mit einem Bildnis von Kaiser Franz Joseph I.

Umseitig: Früher Morgen am Altausseer See

hielt dem Kurort die Treue, vor allem Franz Joseph, der in Ischl seine spätere Frau Sisi kennenlernte. Mit diesem hohen Besuch hatte sich die ganze Region als Reiseziel endgültig etabliert. Auch das Ausseerland wurde, zumindest in den Sommermonaten, zum noblen Reiseziel. Wo die Aristokratie ihre „Sommerfrische" verbrachte, gesellte sich bald auch das Bürgertum dazu, genauso wie zahlreiche Künstler, Maler, Komponisten und Literaten. Ging es hier doch viel weniger steif zu als in Bad Ischl, wo der Hof im Sommer logierte. Für die Einheimischen war diese Entwicklung erfreulich, es bot sich eine Alternative zur harten Arbeit im Salzbergwerk oder in den Wäldern. Der beginnende Tourismus erforderte viele neue Arbeitskräfte und brachte den Ausseern den lange ersehnten Wohlstand. Der zunehmende Reiseverkehr war auch für weitere infrastrukturelle Neuerungen im Salzkammergut verantwortlich: Mit der heutigen Westbahn konnte man ab 1860 von Wien nach Salzburg reisen, 1877 erreichte die Eisenbahn auch Gmunden, Ischl und Aussee – ein neues Zeitalter war angebrochen. Dieser Fortschritt öffnete das ehemals abgeschlossene und schwer zugängliche Ausseerland der weiten Welt.

Das Ausseerland während des Nationalsozialismus

Da Adolf Hitler den nahe gelegenen Obersalzberg bei Berchtesgaden bereits 1923 zu einem repräsentativen Wohnsitz ausbauen hatte lassen, lag es nahe, dass prominente Nationalsozialisten das benachbarte Salzkammergut aufgrund seiner reizvollen Landschaft schätzten. Hitlers Plan einer „Alpenfestung" sah das Ausseerland als dessen Kerngebiet vor, allerdings wurde dieser Plan nie realisiert.

Rechts: Villa Castiglioni am Grundlsee
Umseitig: Villa Roth am Grundlsee

Die unfreiwillige Vereinnahmung der Region durch den Nationalsozialismus führte dazu, dass sie schneller als andere Gegenden Österreichs „arisiert" wurde. Nach dem Anschluss Österreichs an das Deutsche Reich wurde für jüdische Bürgerinnen und Bürger ein Aufenthalts- und Trachtenverbot erlassen. Sie mussten ihre Ferien- und Sommerhäuser verlassen oder billigst verkaufen. Viele der Villen wurden beschlagnahmt und von führenden Nationalsozialisten für die Sommerfrische genutzt. So wurde zum Beispiel die „Villa Roth" am Grundlsee von der Familie Goebbels bewohnt, Ernst Kaltenbrunner, Chef des Reichssicherheitshauptamtes, quartierte in der „Villa Kerry" in Altaussee seine Geliebte, eine Gräfin von Westarp, ein. August Eigruber, Gauleiter von Oberdonau, bewohnte eine Villa in Altaussee, während das „Hotel am See" als lokales Hauptquartier der Gestapo diente. Die „Villa Castiglioni" in Grundlsee diente ebenfalls den Zwecken der Nationalsozialisten. Hier wurden in späteren Kriegsjahren die geraubten Bibliotheksbestände für Hitlers geplantes Linzer Museum gelagert. In den Wirren der letzten Kriegsmonate hielten sich auch andere Nazigrößen wie Adolf Eichmann, Organisator des Holocaust, Otto Skorzeny und Wilhelm Höttl im Ausseerland auf. Höttl bekleidete in der SS einen hohen Rang, allerdings stellte er sich nach seiner Verhaftung den Alliierten als Zeuge bei den Nürnberger Prozessen zur Verfügung. Er blieb in der Region und war Mitbegründer des Gymnasiums in Bad Aussee; in den späten 1950er-Jahren

gründete er eine Schule für Maturanten mit Lernschwierigkeiten in Altaussee, in der viele heute prominente Österreicher maturierten. Unter den Einheimischen gab es während der Zeit des Nationalsozialismus etliche Befürworter und Mitläufer, ein Umstand, der nur wenig dokumentiert oder historisch aufgearbeitet wurde.

Viel beschäftigt man sich heutzutage mit dem organisierten Widerstand, der allerdings nicht sehr bedeutend war und zum Großteil als Partisanenbewegung auftrat, deren Hauptaufgabe in Aufklärungsarbeit bestand. Einige Namen wie die Gruppe um Hans Moser, die Gruppe „Willy-Fred" um Sepp Plieseis, Josef Hans Grafl, Valentin Tarra und Leopold Köberl stehen jedoch für ihren Einsatz und Mut hervor. Dagegen ist Albrecht Gaiswinklers Rolle in der Widerstandsbewegung umstritten und viele seiner Behauptungen wurden widerlegt.

Kunstwerke im Salzbergwerk

Schon 1943 begannen die Nazis, in ganz Europa erbeutete Kunstwerke, aber auch Bestände aus verschiedenen Museen im Altausseer Salzbergwerk einzulagern, um diese vor den immer häufigeren Bombenangriffen in den Städten zu sichern. Man hatte entdeckt, dass die klimatischen Bedingungen in den Salzbergwerken konservatorisch ideal für die Kunstwerke waren. Hauptteile dieses Beutegutes waren für Adolf Hitlers geplantes Linzer Kunstmuseum bestimmt. Insgesamt befanden sich gegen Kriegsende über 6500 Gemälde sowie große Bestände an Möbeln, Büchern, Juwelen und Skulpturen in den Stollen des Altausseer Salzbergwerks. Wichtigstes Kunstwerk war der „Genter Altar" der Brüder van Eyck sowie Werke

Oben: Die Retter der Kunstwerke im Altausseer Bergwerk, historisches Foto

Rechts: Ehemaliger Lagerraum der Kunstwerke im Altausseer Salzbergwerk

von Brueghel, Rembrandt, Vermeer, Rubens, Michelangelo, Botticelli und van Dyck, um nur einige Namen zu nennen. Als die Niederlage immer gewisser wurde, wollte der Gauleiter von Oberdonau, August Eigruber, die Kunstwerke nicht dem Feind überlassen und plante, gegen den letzten Befehl Hitlers, das Altausseer Bergwerk sprengen zu lassen. Daher ließ er im April 1945 Bomben in Kisten mit der Aufschrift „Vorsicht, Marmor, nicht stürzen" ins Bergwerk bringen. Allerdings war die Belegschaft des Salzbergwerks unter Salinendirektor Emmerich Pöchmüller, Betriebsleiter Otto Högler und Oberbergrat Eberhard Mayrhofer gegen diesen Plan. Man versuchte Gauleiter Eigruber umzustimmen, jedoch ohne Erfolg. So fasste die Gruppe um Pöchmüller gemeinsam mit Dr. Seiberl, Leiter des Institutes für Denkmalpflege in Wien, den Plan, den Befehl Eigrubers zu umgehen. Die Kisten mit den Bomben sollten entfernt und die Stolleneingänge mit einer komplizierten Lähmungssprengung unzugänglich gemacht werden.

Die Bergarbeiter arbeiteten zwölf Tage ohne Unterbrechung, um diese Sprengung vorzubereiten. Als Eigruber von diesem Plan erfuhr, verlangte er die sofortige Sprengung des Bergwerks und ließ Wachen aufstellen. Hier kam es zu einer ungewöhnlichen Allianz verschiedener Gruppen, denn auch der in Altaussee anwesende Gestapo-Chef Ernst Kaltenbrunner war gegen die Sprengung. Die bereits vorbereiteten Bomben wurden von den Bergarbeitern in der Nacht zum 4. Mai 1945 aus den Stollen geschafft. Bei der Lähmungsprengung am Morgen des 5. Mai 1945 wurden schließlich, wie geplant, nur die Stolleneingänge verschüttet. Als die Amerikaner am 8. Mai 1945 in Aussee eintrafen, führte man sie zu den verschütteten Stollen. Nach wenigen Tagen waren diese freigeräumt und man konnte mit der Bergung dieses ungeheuren Kunstschatzes beginnen. Auch heute noch kursieren widersprüchliche Versionen über die Rettung der Kunstschätze

von Altaussee und diverse Gruppen beanspruchen das Recht für sich. Besonders negativ hat sich hier ein Dr. Hermann Michel hervorgetan, ein NS-Mitläufer, der behauptete, der Retter der Kunstschätze zu sein, und sich dafür feiern ließ. Die wahren Helden Pöchmüller, Högler und Mayrhofer haben niemals die ihnen zustehende Anerkennung bekommen. Kaltenbrunner forderte eine Gegenleistung für seine Kooperation: ein sicheres Versteck, in dem er die Ankunft der Alliierten abwarten wollte. Einheimische brachten ihn zur Wildenseehütte im Toten Gebirge. Einige Tage später führten sie jedoch auch amerikanische Militärs dorthin. Er wurde im Zuge der Nürnberger Prozesse zum Tode verurteilt. Eine Tafel des berühmten Genter Altars blieb übrigens im Bergwerk für lange Zeit zurück; man hatte die Tafel versehentlich umgedreht und die Arbeiter benutzten sie jahrelang als Jausentisch.

Salz spielt im Salzkammergut nach wie vor eine bedeutende Rolle. Immer noch ist die Saline Ebensee, die im 16. Jahrhundert unter Rudolf II. gebaut wurde, in Betrieb. Außerdem sind einige der Stollen im Sandling als Schaubergwerke für Besucher geöffnet, so kann man sich in den „Salzwelten" auf die Spuren des modernen und bronzezeitlichen Bergbaus begeben. Das Ausseerland ist den meisten allerdings heutzutage als eine der landschaftlich schönsten und beliebtesten Ferienregionen Österreichs ein Begriff. Aber auch Anekdoten und Erinnerungen, die sich um seine berühmten Gäste ranken, machen für viele die Faszination der Region aus. Vor allem ist die Gegend gekennzeichnet durch ihre große Vielfalt – die reizvolle Berg- und Seenlandschaft, die reiche Geschichte, das immer noch lebendige Brauchtum, die vielen Details, die jeden Ort, jeden Flecken so einzigartig und unverwechselbar machen.

In den Bergen

Für einen Aufenthalt im Ausseerland sollte man auf alle Fälle auch seine Wanderschuhe einpacken. Zahlreiche Gipfel laden zur Besteigung ein, viele Gebirgsseen bieten reizvolle Wanderziele und auch die bewirtschafteten Hütten der Region sind immer eine Rast wert. Das Ausseerland wird zwar umrahmt vom Dachsteinmassiv, dem Sarstein- und Sandlingstock sowie dem Grimmingstock, aber dominiert wird es vom Toten Gebirge. Kalke und Dolomite formen die Hauptmasse dieses Gebirgsstocks, entstanden sind sie in der Trias und im Jura vor ungefähr 210 bis 135 Millionen Jahren. Das Tote Gebirge ist ein Plateaugebirge, das mit einer Fläche von über 250 Quadratkilometern die größte Hochkarstfläche der Alpen bildet. Sein Name leitet sich vermutlich von der stark verkarsteten und großteils vegetationslosen Oberfläche ab. Diese riesige Steinwüste mit Gesteinsformationen von beeindruckender Schönheit wurde durch die Kraft des Wassers geformt. Allerdings ist sie an der Oberfläche sehr wasserarm, was jeder, der eine Wanderung unternimmt, bedenken sollte. Trotz der oberflächlichen Wasserarmut ist die Vegetation im Toten Gebirge außergewöhnlich vielfältig. Jede Nische, jeder Graben wird von Pflanzen, die an harte Lebensbedingungen gewöhnt sind, genutzt. Im Juni und Juli, nach der Schneeschmelze, sind die Berge ein Farbentraum. Dominierend ist der Almrausch (Rhododendron),

Links: Blick vom Loser auf die Gschwandtalm
Oben: Karstplateau im Südostmassiv des Toten Gebirges mit Blick zum Großen Tragl

der ganze Hänge rosa färbt, aber wer genauer schaut, entdeckt auch große Flecken von diversen Enzianen, Wiesen mit den so seltenen Türkenbundlilien und vielen anderen Blumen und Kräutern. Das Wasser formte nicht nur die Oberfläche des Gesteins, es dringt auch in die Risse und Spalten ein und bildete so über die Jahrtausende Dolinen, Schächte und Höhlen; insgesamt sind mehr als 1800 Höhlen im Toten Gebirge bekannt. Diese tragen so schöne Namen wie Ozonloch, Raunende Luck'n, Pygmäenloch, Gamssulzenhöhle oder Sonnenstrahlhöhle, um nur einige zu nennen. Die längste ist mit 140,4 Kilometern das Schönberg-Höhlensystem; das Schwarzmooskogel-Höhlensystem bei Altaussee bringt es derzeit immerhin auf 99,6 Kilometer Länge und eine Tiefe von 1140 Metern und ist teilweise vereist. Es liegt daher nahe, dass diese Höhlensysteme, von denen viele nur teilweise erforscht sind, zahlreiche Höhlenforscher, also Speläologen, aus diversen Ländern anziehen. Höhlenforschung wird wissenschaftlich betrieben und jeder neu erkundete Meter in den Höhlen akribisch dokumentiert, aber es ist auch ein Extremsport, der großen Mut und körperliche Fitness erfordert. Heißt es doch, sich oft Hunderte Meter durch Schächte abzuseilen, schwerste Ausrüstung durch enge Gänge zu transportieren, zu klettern oder Höhlenteile, die unter Wasser stehen, zu durchtauchen. So schlägt beinahe jedes Jahr seit 1972 der renommierte Cambridge University Caving Club ein Forschungslager im Toten Gebirge auf, aber auch Forschergruppen aus Frankreich und Deutschland zieht es ins Ausseerland. Allerdings hat sich vor allem der heimische Verein der Höhlenforscher mit seinem derzeitigen Obmann Robert Seebacher aus Bad Mitterndorf große Verdienste um die Erforschung der Höhlen im Toten Gebirge und im Dachsteinstock erworben. Viele Kilometer neu erfasster Gänge, Schächte oder riesiger Dome sind ihnen zu verdanken. Jedes Jahr werden es mehr und dies unter großem persönlichen Einsatz der Höhlenforscher. Diese noch wenig gewürdigte Erforschung der Unterwelt des Ausseerlandes wird wohl auch in den kommenden Jahren zu einer Menge neuer Erkenntnisse führen und dadurch die Achtung erlangen, die ihr zusteht.

Auf der Alm

Neben den schroffen Karstflächen der Höhen und den ausgedehnten Wäldern an deren Hängen gibt es in den Ausseer Bergen auch große Almgebiete. Hier sind vor allem die Tauplitz, der Loser oder die Wildensee-, Planer- und Augstalm zu nennen. Ursprünglich waren diese Almen bewirtschaftet. Die Anfänge der Almwirtschaft lassen sich heute durch den Fund von dreißig bronzezeitlichen Siedlungsplätzen auf dem östlichen

Rechts oben: Der Augstsee am Loser
Rechts unten: Schneevulkanhalle im Schwarzmooskogel-Höhlensystem. Die Schneevulkanhalle ist der größte bekannte eiserfüllte natürliche Hohlraum der Erde.

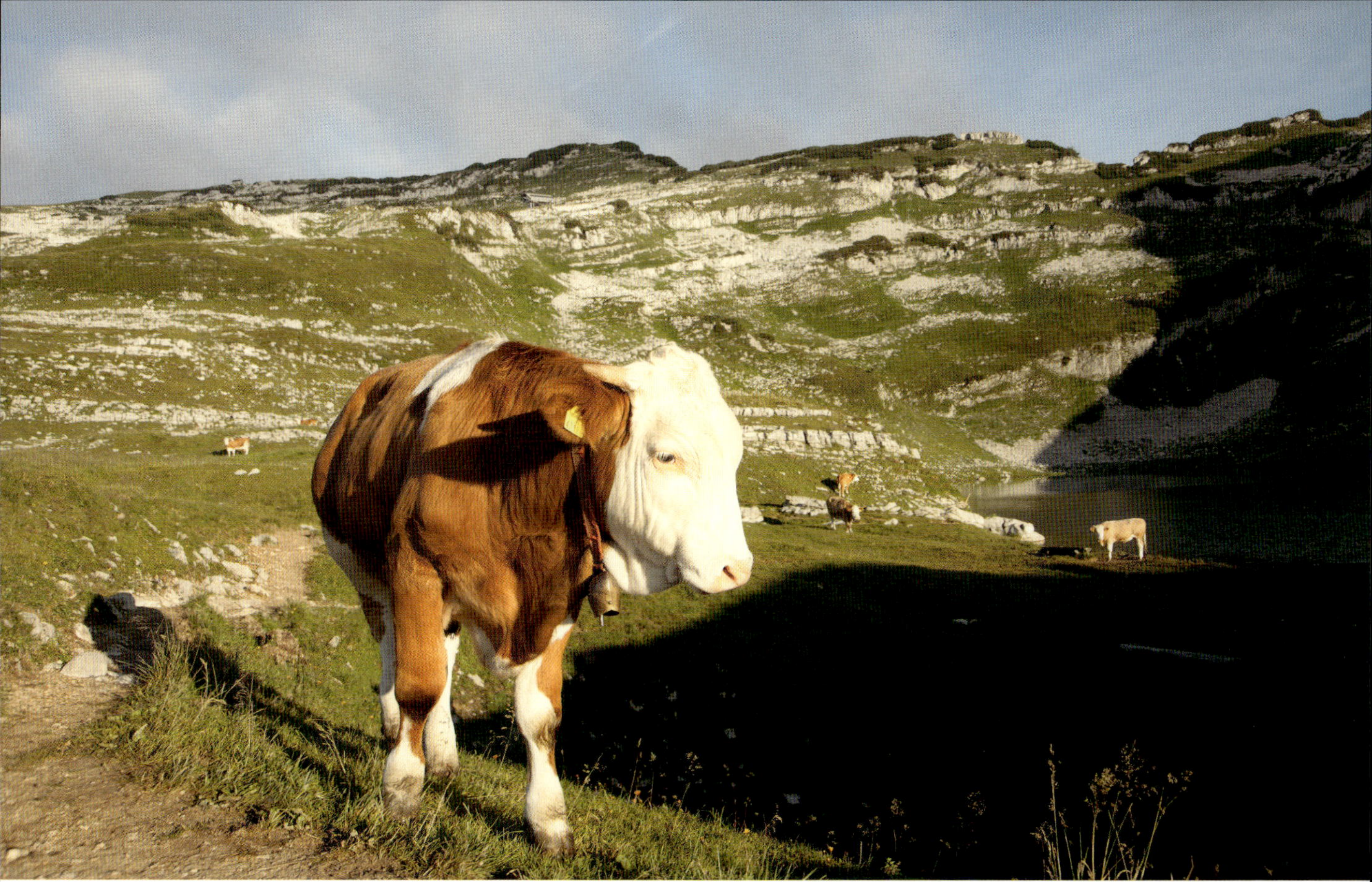

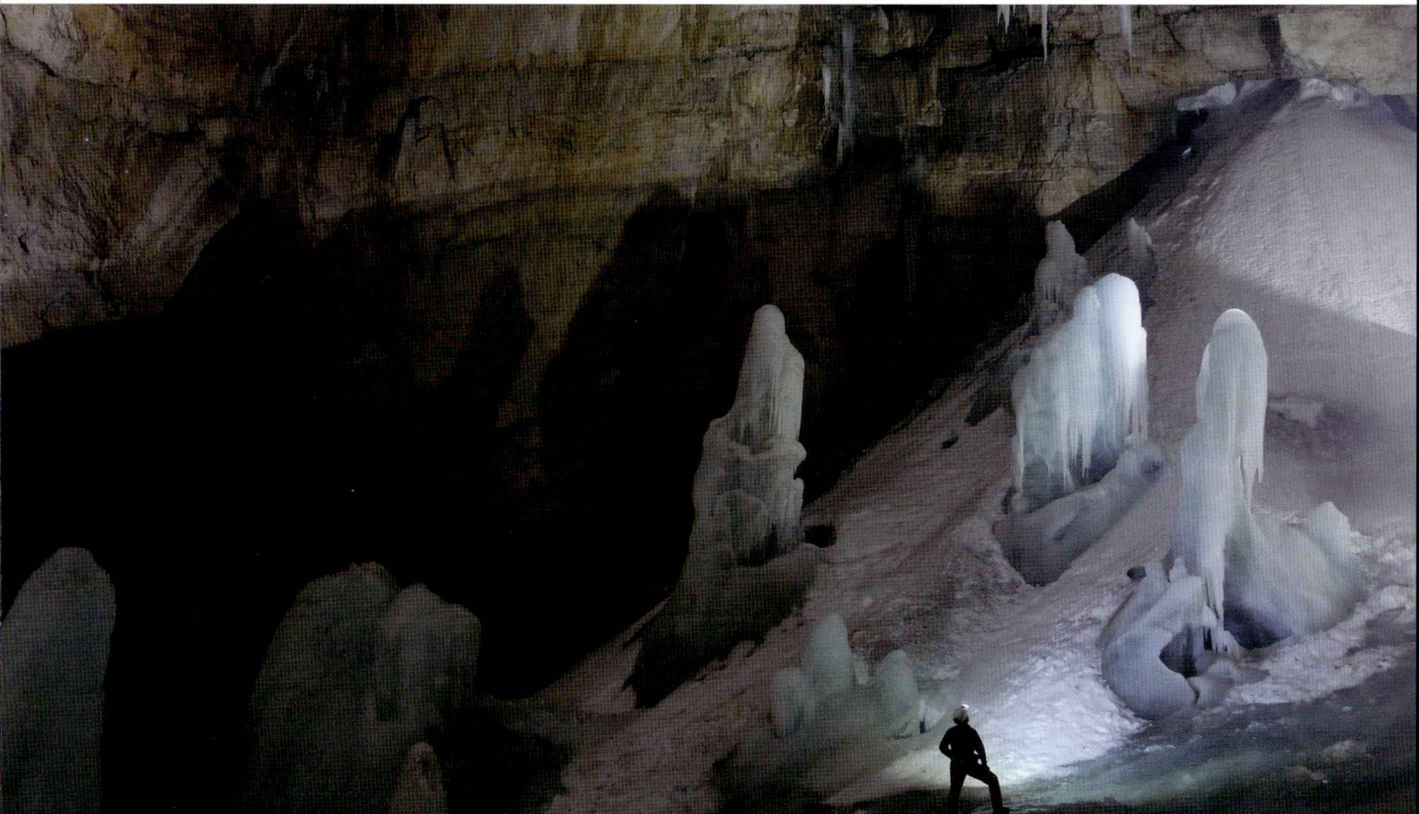

Oben: Wegweiser in der Elmgrube, Totes Gebirge
Rechts: Der Vordere Lahngangsee mit Blick zum Elm
Umseitig: Blick von der Ausseer Sandlingalm nach Altaussee

Dachsteinplateau nachweisen. Im Kammergebirge südlich von Bad Mitterndorf fand man auch eine römische Almhütte. Urkundlich belegt ist die Almwirtschaft seit dem ausgehenden 9. Jahrhundert. Die frühe Nutzung der hoch gelegenen Wiesen hatte vor allem praktische Gründe: Es war einfacher, weitgehend waldfreie Bergwiesen zu nützen, als durch mühevolle Rodung Weiden in tieferen Lagen zu schaffen. Die Betreuung des Viehs auf der Alm oblag traditionell den Sennerinnen. Ursprünglich wurden alle Tiere eines Hofes „gealpt", also auf die Alm gebracht. Später betreuten die Sennerinnen vor allem Kühe, Jungvieh und Ochsen. Die „Alpung" fördert Gesundheit, Fruchtbarkeit und Kondition der Tiere, zudem bedeutet sie eine Arbeitsentlastung am Hof. Etwa dreieinhalb Monate, von Anfang Juni bis Mitte September – je nach Wetterlage –, verbringt das Vieh auf den Almen des Salzkammerguts. Heutzutage gibt es nur noch wenige Sennerinnen und innerhalb der Bauernfamilie übernehmen meist die älteren Frauen diese Aufgabe. Dies einerseits, da das Wegenetz in den Bergen in den letzten Jahrzehnten für die Forstwirtschaft stark ausgebaut wurde und deshalb viele Hochweiden leicht mit dem Auto erreichbar sind. Andererseits haben die meisten Höfe Mutterkuhhaltung eingeführt oder schicken nur noch Jungvieh auf die Alm. Daher fallen oft das Melken, Ausmisten, die Verarbeitung der Milch zu Butter und Käse und das Schneiden des Zufutters oder Bergheus weg. Bis zum Ende des Zweiten Weltkriegs existierte auf den Höfen eine Lebensgemeinschaft der bäuerlichen Familie und der Dienstboten. Die Sennerin nahm nach der Bäuerin die wichtigste Stellung am Hof ein, sie hatte einen anstrengenden, aber angesehenen Beruf. Die Verpflegung war auf der Alm zwar einfacher als am Heimathof, doch hatten die Frauen – Männer kamen auf den Almen des Salzkammerguts nur als „Halter" für Schafe, Ziegen und Pferde

Oben: Beim Steirersee auf der Tauplitzalm; rechts: Am Weg zu den Lahngangseen bei Drausen
Umseitig: Wald beim Ödensee

infrage – dort wenigstens die Annehmlichkeit eines eigenen Raumes. Außerdem standen sie auf der Hochweide außerhalb der strengen Kontrolle des Dorfes, soziale Bindungen konnten anders gestaltet werden. Eine Heirat war für Dienstboten aus finanziellen Gründen meist nicht möglich. Ledige Kinder, mit der Arbeit am Hof schwer zu vereinbaren, konnte eine Sennerin leichter bei sich behalten. Viele Geschichten und Gstanzln gibt es im Ausseerland über das recht freie Liebesleben der Sennerinnen und Halter. Nicht selten kam es vor, dass ein Halter oder Jäger nach harter Arbeit noch einige Stunden des Nachts marschierte, um seine Liebste auf einem benachbarten Berg zu besuchen. Beim Almabtrieb am Ende des Sommers werden die Tiere im Ausseerland weniger geschmückt als in anderen Gegenden Österreichs. Zum Almabtrieb wird allerdings eine Spezialität zubereitet: im Ausseerland „Almraungerln" genannt, ein Gebäck aus Mehl, Butter, Rahm, Zimt und Zucker. Früher trugen die Sennerinnen die auf der Alm hergestellten Produkte in „Almfachtln", einem bestickten eingeschlagenen Tuch, auf dem Kopf ins Tal.

Forst und Jagd

Das Dörren des Salzes in den Sudhäusern von Aussee benötigte Unmengen an Holz. Die Eigenwälder der Ausseer übernahmen daher bald die Habsburger. Allerdings bekamen die ehemaligen Besitzer zur Entschädigung ein „Holzservitutsrecht", das heute noch für viele Ausseer Häuser gilt. Da die Wälder im Ausseerland durch den Holzbedarf der Salinen bedroht waren und man die Jagdgebiete nicht gefährden wollte, begannen die Habsburger, waldreiche Gegenden um das Kammergut zu nutzen. So kamen das Wolfgangseegebiet, das Gebiet um den Fuschlsee, das Mondseeland, der Attergau und Attersee und schließlich das Almtalgebiet zum Salzkammergut. Man legte auch Pflanzgärten im Ausseerland an und befeuerte die Sudhäuser zusätzlich mit Torfziegeln, die im Ödenseegebiet gestochen wurden. Zahlreiche Ausseer waren bei der Holzbringung für die Saline beschäftigt. Sowohl die Schlägerung an den steilen Berghängen als auch die Bringung des Holzes im Sommer wie im Winter war eine harte und gefährliche Arbeit. Aufgabe der Holzfäller war es, die Bäume zu schlägern und für den Transport vorzubereiten. Das geschah bis zum Aufkommen der Motorsäge immer mit der Handsäge. Der Transport erfolgte im Sommer, wenn möglich durch Trift in zuerst aufgestauten Bächen, im Winter durch vorher angelegte Eiskanäle bis zu einem der Seen oder zur Traun. Auch hier war es die gefährliche Aufgabe der Holzfäller, aufgestautes Holz zu befreien. Am Seeufer wurde dann aus den „Bloch" ein Floß gebildet und dieses von den Holzfällern vom Ufer aus den See entlang gezogen. Heute ist die Holzbringung durch den Ausbau der Forststraßen wesentlich einfacher. Im 19. Jahrhundert, als die Bedeutung des Salzbergbaus schwand, begann die Pflege und Wiederaufforstung der Wälder größere Bedeutung zu erlangen. Nicht zuletzt war ein guter Grund die schon erwähnte Jagdleidenschaft der Habsburger und ihres Hofes. So kamen im Jahre 1858 Fürst Chlodwig und Fürstin Marie zu Hohenlohe-Schillingsfürst anlässlich einer Jagd über das Wildenseegebiet erstmals in das Altausseer Tal. Beiden gefiel das Tal so gut, dass sie in Altaussee den damaligen Schneiderwirt kauften und umbauten. Sie verbrachten viel Zeit in der Gegend, pachteten Jagdreviere im Toten Gebirge und errichteten verschiedene Hütten. Auch heute noch sind Forstwirtschaft und Jagd ein wichtiger Wirtschaftsfaktor des Ausseerlandes. Aber es sind nicht mehr die Habsburger, sondern die Österreichischen Bundesforste, die Jagdpachten vergeben und über die Wälder bestimmen.

Tracht und Handwerk

Oben: Eine Altausseer Lederhose
Rechts: Dirndl beim Pfeifertag auf der Weißenbachalm
Umseitig: Historische Trachten beim Narzissenfest

Bei einem Aufenthalt im Ausseerland fällt gleich auf: Hier ist Tracht noch selbstverständlicher Teil der Garderobe – man trägt Dirndl und Lederhose, Spenzer und Hut. Tracht und Handwerk gehen Hand in Hand. Die Herstellung der Trachten erfordert Kenntnisse und Fertigkeiten besonderer Spezialisten, die im Salzkammergut immer noch zu finden sind: Schuster, Hutmacher, Handdrucker, Schneider, Säcklermeister oder Hirschhornschnitzer.

Nicht immer war das Tragen von Tracht so selbstverständlich wie heute: Die Beliebtheit der traditionellen Kleidung war Mitte des 19. Jahrhunderts an einem Tiefpunkt angelangt. Mit der Revolution 1848 kleidete sich auch die Landbevölkerung zunehmend nach der städtischen Mode, Lederhose und Dirndl wurden zurückgedrängt. Es ist auf die Initiative aristokratischer Kreise zurückzuführen, dass die Tracht auch diese Zeit überlebt hat.

Die Habsburger waren an der Pflege der Kleidungstraditionen interessiert; besonders Erzherzog Johann lag die Tracht am Herzen. Um seine volksnahe Gesinnung zu zeigen, trug er den graugrünen Lodenrock der Obersteirer. Aus diesem entwickelte sich später der Steireranzug. Seine Liebe zur Tracht gab er an seinen Großneffen, den späteren Kaiser Franz Joseph I., schon in jungen Jahren weiter. Dieser trug ebenfalls die grau-grüne

steirische Jägertracht und wurde damit zum Vorbild für aristokratische Jagd- und Sommergäste im Salzkammergut und für höhere Bürger und Beamte in der Residenzstadt Wien. Die Tracht wurde von den Städtern zwar weiterentwickelt und adaptiert, ihr Tragen brachte aber auch Achtung gegenüber dem ländlichen Volk zum Ausdruck. Dabei wirkte die Sehnsucht nach dem Einfachen und Natürlichen mit, die der bürgerlichen Romantisierung des Landlebens im 19. Jahrhundert entsprach. Einige der sommerlichen Besucher des Ausseerlandes betätigten sich sogar als Volkskundler. Marie Fürstin zu Hohenlohe-Schillingsfürst schuf zum Beispiel die ersten fotografischen Aufnahmen von Ausseer Trachten. Ferdinand von Andrian-Werburg wiederum veröffentlichte 1905 ein umfassendes Werk über die Altausseer.

Vor allem aber ist es Konrad Mautner, Spross einer Wiener Industriellenfamilie und Volkskundler

Links: Hutmacherei Leithner, Bad Aussee
Oben: Modeln bei Handdruckerei Sekyra, Bad Aussee

Oben: Dirndlschneiderei Raich, Bad Aussee
Rechts oben: Die Spinnerinnen vom Grundlsee
Rechts unten: Bestickte Weste, Schneiderei Greul, Bad Aussee

aus Leidenschaft, zu verdanken, dass Brauchtum, Musik und Tracht des Ausseerlandes beschrieben und bewahrt wurden. Er kam als Kind erstmals mit seinen Eltern nach Gößl am Grundlsee und entwickelte großes Interesse für die Gebräuche, die Lebensweise, Trachten und die Musik der Einheimischen. Mit dem namhaften Volkskundler Viktor von Geramb arbeitete er zehn Jahre an einem „Steirischen Trachtenbuch". Dessen erster Band konnte erst 1934, zehn Jahre nach seinem Tod, erscheinen. In den 1930er-Jahren jedoch wurde die traditionelle Bekleidung im Rahmen der Nazi-Propaganda unter völlig andere Vorzeichen gestellt. Sie wurde, analog zu Begriffen wie Heimat und Tradition, instrumentalisiert; jüdischen Mitbürgern war das Tragen von Tracht verboten. Das Image der Tracht und ihre volkskundliche Pflege haben unter diesem Missbrauch noch lange gelitten. Heute haben der aufgeklärte Umgang und die Aufarbeitung der Politisierung der Tracht zu einem neuerlichen Aufschwung von Dirndl und Lederhose geführt. Selbst in der Haute Couture haben Trachtenelemente und -materialien Einzug gehalten.

Im Salzkammergut ist das Dirndl die klassische Bekleidung für Damen. Neben Leinen- und Baumwolldirndln gibt es für festliche Anlässe auch solche aus Seide. Die heute gebräuchliche Version des „Ausseer Dirndls", grüner Leib, rosa

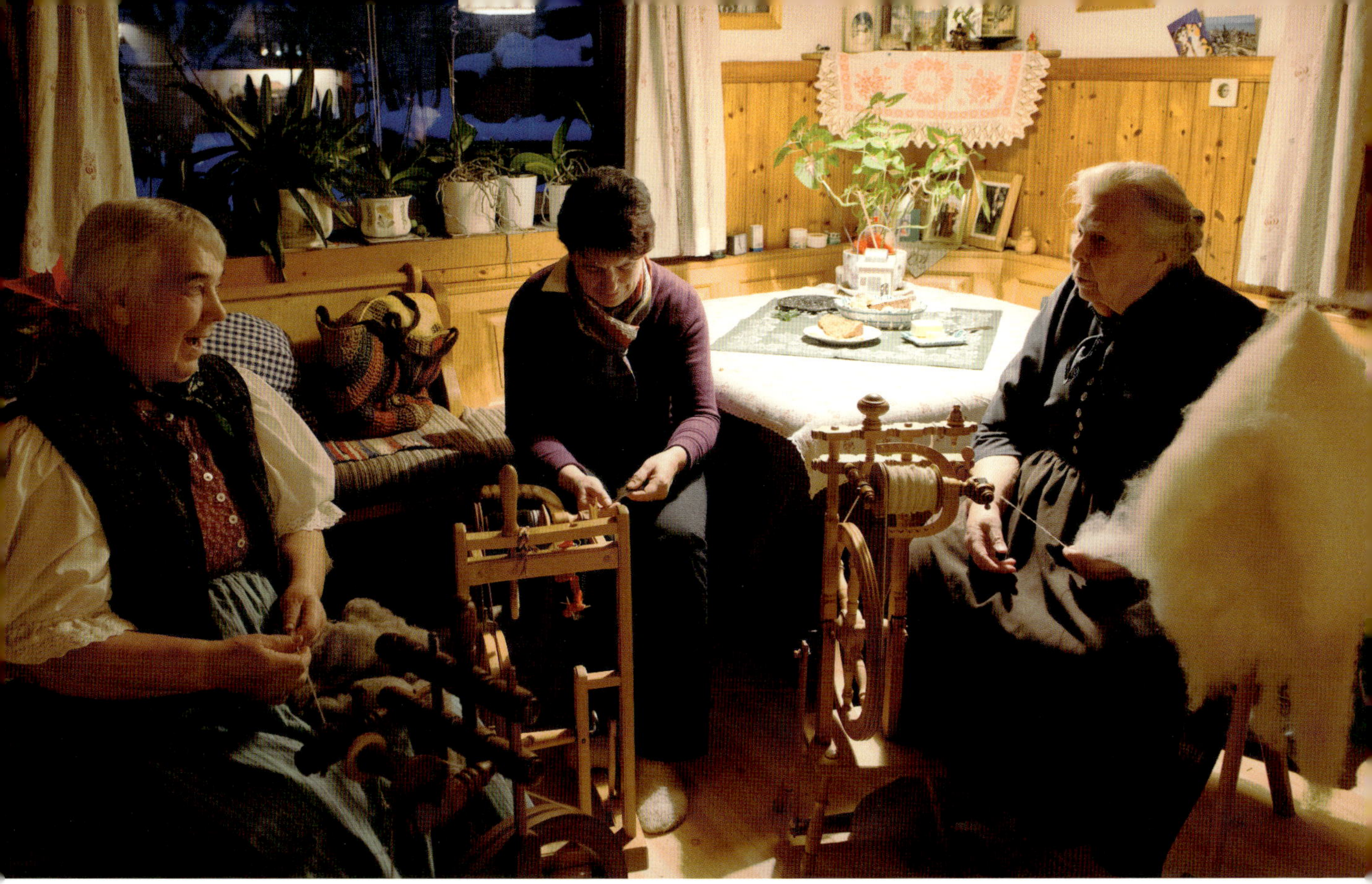

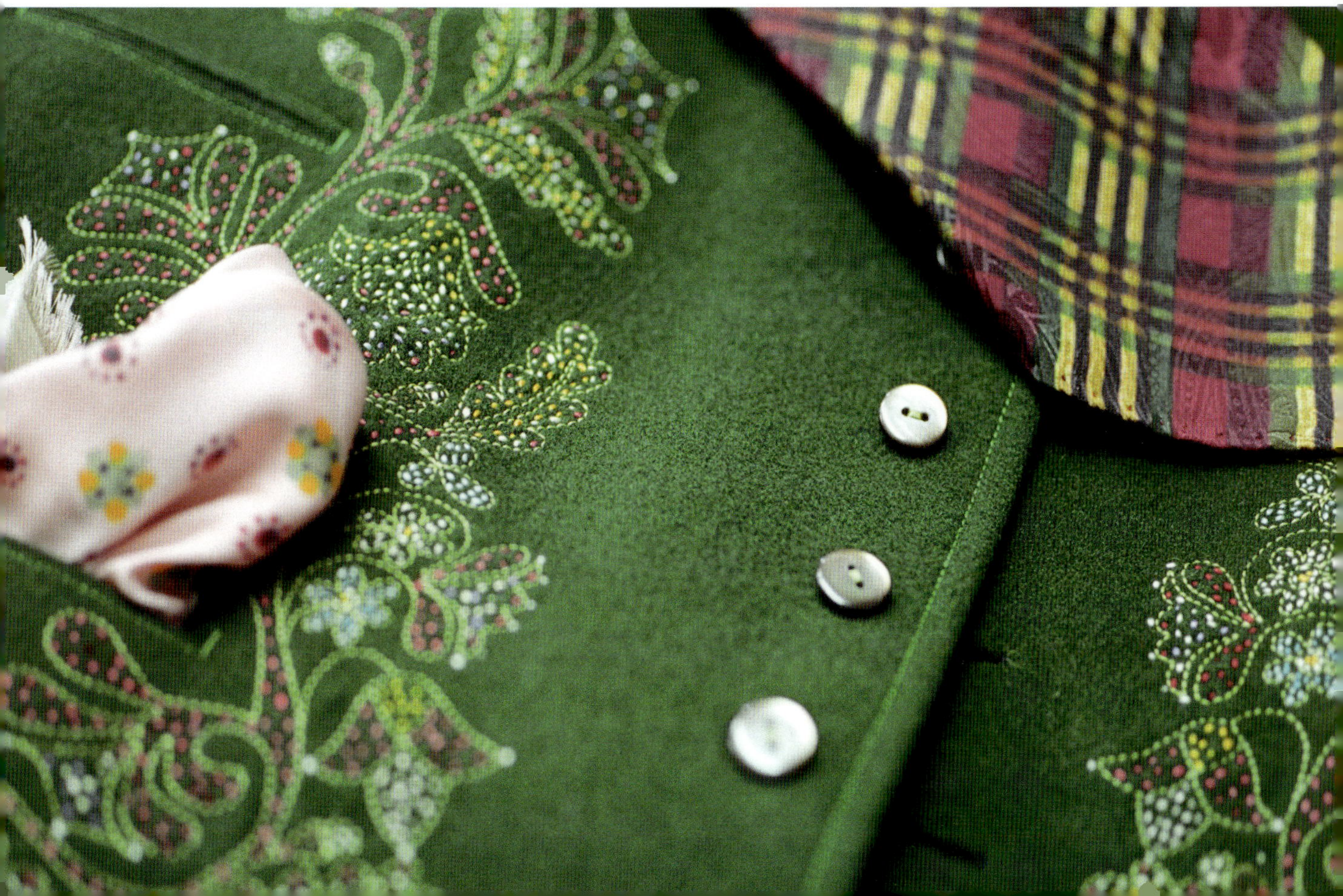

Hutformen, Leithner, Bad Aussee

Kittel und violette oder blaue Schürze, existierte schon sehr lange und ist in einem 1910 erschienenen Artikel von Konrad Mautner beschrieben. Allerdings wurde es hauptsächlich zum Tanz oder von den Sennerinnen mit weißer Schürze getragen. Die Lederhose ist ebenfalls fester Bestandteil der Ausseer Garderobe. Ausseer Lederhosen sind fünf-, sieben- oder neunnahtig grün bestickt, schwarz oder dunkelbraun, liegen eng am Bein und enden oberhalb des Knies. Typisch für die Gegend sind auch die hellen offenen Nähte und vier Hornknöpfe an der Seite. Meist werden Lederhosen aus sämisch gegerbtem Hirsch- oder Gamsleder gefertigt.

Für eine handgenähte Lederhose braucht der Säcklermeister bis zu achtzig Arbeitsstunden, die meiste Zeit wird für die händische Auszier aufgewendet. Man lässt sie sich am besten maßschneidern. Ein bis drei Jahre Wartezeit sind normal, denn im Salzkammergut gibt es nur noch wenige Säcklermeister. Von Männern wie Frauen wird über Dirndl oder Lederhose der Ausseer Spenzer getragen, eine kurze taillierte Lodenjacke, entweder grau oder grün. Auch die Wollspinnerei wird im Ausseerland noch gepflegt. Einige ansässige Damen treffen sich regelmäßig, um sich diesem schönen Handwerk zu widmen. Heiß begehrt sind auch die wenigen Strickerinnen, die noch die

Kunst der Fertigung von „gemodelten", mit Muster versehenen, Strümpfen beherrschen.

Mit der Hutmacherei hat sich im Ausseerland eines der ältesten Handwerke Europas erhalten. Filzhüte gab es schon in der Hallstattzeit und sie werden heute noch wie bereits zur Regierungszeit Kaiser Karls V. hergestellt. Die Hutmacherei ist ein aufwendiges Gewerbe: Die aus Kaninchenhaarfilz, Wildhasenhaar oder Schafwoll-Loden bestehenden Stumpen werden imprägniert und gefärbt, dann erhitzt, damit sie weich und formbar werden. Erst danach kommen die Formen zum Einsatz; beim Hutmacher Leithner in Bad Aussee (gegründet 1532) stehen zum Beispiel über 900 verschiedene, aus Lindenholz gefertigte zur Auswahl. Darunter finden sich auch Modelle für historische Hüte wie den Anna-Plochl- oder den Erzherzog-Johann-Hut. Typisch für das Ausseerland sind die schwarzen, aus Kaninchenhaarfilz gefertigten

Oben: Hutmacherei Leithner, Bad Aussee
Links: Trachten beim Pfeifertag auf der Weißenbachalm

Hüte mit dem breiten grünen Band, die heute von Damen und Herren getragen werden. So ist der „Ausseer Hut" längst zu einem Markenzeichen geworden. Ein besonderer Blickfang sind natürlich Hüte mit Gamsbärten. Dieser Hutschmuck, der auch in anderen Regionen Österreichs zur Tracht gehört, wird in aufwendiger Arbeit aus dem Rückenhaar erwachsener Gamsböcke gebunden. Beim Gamsbart heißt es: je üppiger, desto besser. Als einer der größten Gamsbärte gilt immer noch jener Kaiser Franz Josephs I.

Konrad Mautner und seine Frau Anna hatten sich zu Beginn des 20. Jahrhunderts in ihren Bestrebungen, Brauchtum und Traditionen des Ausseerlandes zu erhalten, auch mit diversen Stoffen auseinandergesetzt. Dass Seidentücher, „Bindln" (Halstücher) und Schürzen, aber auch andere Stoffe nach wie vor in aufwendiger Handarbeit bedruckt werden, ist nicht zuletzt ihren Bemühungen zu verdanken.

Nach dem Tod ihres Mannes und dem Verlust des Familienvermögens gründete Anna Mautner in den späten 1920er-Jahren in Gößl die erste Handdruckerei des Auseerlandes. Begonnen wurde mit Blaudruck, man ging jedoch schnell auf Farbdruck über. Schon bald wurden ihre Drucke in exklusiven Kreisen bekannt und geschätzt. Paula Wessely und Gretl Lanz zählten zu Anna Mautners Bewunderinnen. Bei der internationalen Stoffausstellung 1938 in Paris erhielt Anna

Links: In der Handdruckerei Eder, Bad Aussee; unten: Peter Veigl, Ausseer G'wand, Bad Aussee

Mautner die Silbermedaille für ihre handbedruckten Stoffe. Kurz darauf mussten auch sie und ihre Familie emigrieren. In den USA arbeitete Anna Mautner unermüdlich weiter an neuen Modeln und Farben und kehrte bereits 1946 nach Grundlsee zurück. Der Betrieb hatte in der Nachkriegszeit mit großen wirtschaftlichen Problemen zu kämpfen. 1956 musste er schließen, wurde 1960 aber von einer ehemaligen Mitarbeiterin weitergeführt. Handdruck ist ein mit großem Aufwand verbundenes Verfahren, für das bis zu 28 einzelne Arbeitsgänge notwendig sind. Für das Bedrucken von acht Metern Seide benötigt man oft einen ganzen Tag.

Sowohl Farbe als auch Muster werden in Handarbeit auf den Stoff aufgebracht. Dazu wird zuerst die weiße Seide aufgespannt, dann beginnt die Arbeit mit den Modeln. Der Model, aus Hartholz geschnitzt oder mit Messingstiften versehen, wird vor jedem Druck in das Farbkissen eingetaucht und dann auf den Stoff aufgesetzt. Davor oder danach werden mit glatten Modeln noch die Farben aufgedruckt. Die nunmehr völlig steife Seide muss einige Entwicklungs- und Fixiervorgänge durchlaufen, wiederholt getrocknet, gebügelt, gezupft oder von Hand rolliert werden, bevor sie als Seidentuch, Schürze oder „Bindl" die Werkstatt verlässt. Mit dem Handdruck hat sich im Ausseerland eine in Österreich einzigartige Handwerkskunst erhalten.

Zurück zu Konrad Mautner: In seinem bereits erwähnten, 1910 erschienenen Artikel zur Ausseer Tracht beschreibt er mit großem Wissen die vergangenen und zu seiner Zeit gebräuchlichen Formen. Zum Beispiel waren die heutigen Strümpfe, damals Stutzen, also ohne Vorfuß, ausschließlich weiß oder blau. Heute sollten sie grün sein, die Farben Blau oder Weiß wären nicht denkbar.

Links: Dirndltücher aus der Handdruckerei Eder, Bad Aussee
Rechts: Christian Raich, Lederhosenmacher in Bad Aussee

Er erwähnt auch die Kittel der Frauentracht, die erst kurz, dann lang und jetzt wieder kurz sind, sowie die von Männern getragenen reich verzierten Leiberl mit goldenen Litzen, angelehnt an ungarische Trachten. Immer wieder wird daher von der Doyenne der österreichischen Tracht, Dr. Gexi Tostmann, angemerkt, dass die Tracht lebendig sei. Sie entwickelt sich über die Zeiten und nimmt verschiedene Einflüsse auf.

Der Schriftsteller Hans Weigel, ein Liebhaber des Ausseerlandes, meinte über das Vermächtnis des Volkskundlers Konrad Mautner nach den Jahren des Nationalsozialismus: „Tracht ist nicht, wie oft vermutet wird, Ausdruck und Relikt der Ära voll Blut, Boden und Rasse, sondern des Protestes gegen sie. Sie ist auch durchaus keine Uniform, sondern deren Gegenteil, ist Ausdruck des extremen Individualismus und nicht nur von Tal zu Tal, sondern sogar von Ort zu Ort, von Dorf zu Dorf verschieden. Anderswo ist sie nicht immer und unbedingt stilrein, ist modisch degeneriert, konfektioniert. Hier in Aussee befinden wir uns in einer ihrer Hochburgen!"

Manch Frischbegeisterte meinen es mit der Tracht übergenau. Bei diversen Ausstattern ausgegebene kleine Vermögen machen jedoch aus einem „Zuagroasten" noch keinen Ausseer, aber oft einen als solchen verkleideten und somit einen „Wiener-Seer".

Künstler im Ausseerland

„Altaussee ist kein Dorf, sondern eine Krankheit, die man nie wieder los wird." Dieses Bekenntnis Jakob Wassermanns, eines im frühen 20. Jahrhundert gefeierten Schriftstellers, gilt wohl für das gesamte Ausseerland.

Beinahe zeitgleich mit den Aristokraten entdeckten die ersten Künstler das Ausserland um die Mitte des 19. Jahrhunderts als Idealort ihrer Sommerfrische. Die Familien Zedlitz-Nimmersatt und von Binzer verlegten schon 1848 ihren literarischen Salon zur „Sommerfrische" nach Aussee. Es folgten Franz Grillparzer, Joseph von Eichendorff und Adalbert Stifter. August und Emilie von Binzer galten als bedeutende Förderer der Literatur. Auch Nikolaus Lenau war mit der Familie von Binzer eng vertraut. Lenau liebte das Ausseerland, am Lenauhügel in Reitern erinnert noch heute ein Gedenkstein an den schwermütigen Dichter. Um die Wende zum 20. Jahrhundert war es der Zirkel „Dependance von Jung-Wien" um Hugo von Hofmannsthal und Leopold von Andrian, der hier in den Sommermonaten den literarischen Ton angab. Die Anzahl der Literaten, Musiker, Maler und Schauspieler, die im späten 19. Jahrhundert und bis zum Anschluss Österreichs an Deutschland 1938 ihre Sommer im Ausseerland verbrachten, ist beeindruckend. Arthur Schnitzler, Fritz von Herzmanovsky-Orlando, Theodor Herzl, Hermann Broch, Richard Beer-Hofmann, Hermann

Links: Villa in Altaussee
Oben: In der Seewiese am Altausseer See

Bahr, Stefan Zweig, Wilhelm Kubie, Friedrich Torberg, Raoul Auernheimer, Gustav Mahler, Johannes Brahms, Richard Strauss, Peter Rosegger, Wilhelm Kienzl, Paula Wessely und Attila Hörbiger, Marcel Reich-Ranicki, der viel zu früh verstorbene Hubertus Czernin oder auch Herbert von Karajan sind nur einige der bekannten Namen, die sich in den Gästelisten finden oder als Wahlausseer hier niederließen. Man kannte sich oder war befreundet, man besuchte sich, diskutierte, las aus eigenen Werken vor oder stand in regem Briefkontakt miteinander. Thema war immer wieder der sommerliche Aufenthalt im Ausseerland. Alois Mayrhuber, Gründer des Altausseer Literaturmuseums, erzählte von einer Plättenfahrt mit Arthur Schnitzler, Richard Beer-Hofmann und Theodor Herzl. Als Herzl begann, aus einem seiner Lustspiele vorzulesen, kommentierte Beer-Hofmann trocken: „Jetzt, wo man nicht aussteigen kann."

Raoul Auernheimer hat wohl den Grund, warum viele Künstler das Ausseerland so sehr schätzen, am besten beschrieben: „Die wochenlangen Regenperioden, die den Ausseer Sommer fast wie den schottischen auszeichnen, wiesen uns allenthalben auf uns selbst zurück und steigerten die literarische Betriebsamkeit. Der Regen, der die Waldwege vermurte, segnete unsere Felder. Es lag nahe, in solchen Zeiten, die allsommerlich wiederkehrten, den schwarzen See mit einem riesigen

Oben: Blick über den Altausseer See vom Tressenstein
Umseitig: Die Hofmannsthal-Linde in Obertressen

Tintenfaß zu vergleichen, in das die im Kreise herumsitzenden Dichter ihre Federkiele tauchten." Das empfand Arthur Schnitzler, Schriftsteller von Weltrang und wichtigster Chronist der Fin de Siècle Gesellschaft, anfangs nicht ganz so. Der Altausseer See war für ihn „Naturgrauen". Dieses überwunden, verbrachte er viele Sommer in Aussee. Gustav Mahler fand bei seinen Aufenthalten in Aussee Inspiration, große Teile seiner 2. und 4. Symphonie entstanden hier. Hugo von Hofmannsthal wiederum verfiel ganz und gar der Ausseer Krankheit und fand sein Domizil in Obertressen 14. Noch heute steht nahe dem Haus eine mächtige Linde, unter der er oft zu sitzen pflegte und den Blick über sein geliebtes Ausseerland genoss. In einem Brief an Helene von Nostitz hat er es so beschrieben: „... ich liebe diese Landschaft so sehr, je älter ich werde, desto reicher wird sie mir, bin ich einmal ganz alt, so steigen mir wohl aus den Bächen, den Seen und den Wäldern die Kinderjahre wieder hervor ..." Und ein weiteres schönes Zitat des Schauspielers Richard Eybner über das Wesen der Sommerfrische: „Das Ausseerland ist eine Gegend für gescheite Leute, denn die Blöden ärgern sich, wenn es regnet, und fahren weg. Die gescheiten Leute, die draufkamen, was das hier für ein herrlicher Flecken ist und dass der Regen zum Leben gehört, bleiben dann da. So hat dieses Land immer wieder Glück, eine Auslese gescheiter Leute hier zu haben!"

Der oft beschriebene Dauer- oder „Schnürlregen" ist es, der die „Dichterlinge", wie die Einheimischen die Literaten hier nennen, zu kreativen Höhenflügen bringt. Die schönen Tage werden genutzt zu Fahrten über den See, Besuchen oder Wanderungen ins Gebirge, aber die Regentage sind, wie es wieder Hugo von Hofmannsthal so treffend ausdrückt: „... eine gute Schutzwehr gegen das Sociale; und die muß ich haben, denn der Sommer ist meine eigentliche Arbeitszeit ..."

Angelika Hager, Wiener Journalistin und Kolumnistin unter dem Pseudonym Polly Adler, wiederum meint: „Ich habe in der Zwischenzeit über 15 Sommer in Altaussee verbracht, manchmal fluchend, oft vertrottelt glücklich, mitunter der Meinung, dass man dringend einmal woandershin auf Urlaub fahren sollte ..."

Auch Friedrich Torberg war Opfer der Ausseer Krankheit. Schon als Kind hatte er hier seine Sommer verbracht und kam viele Jahre wieder. Nachdem der nationalsozialistische Spuk endlich vorbei war, blieb er in seinen letzten Lebensjahren ganz in Altaussee. Aus der Zeit seiner Emigration stammt das Gedicht „Sehnsucht nach Altaussee", jedem echten Aussee-Liebhaber bekannt: „... Gelten noch die alten Strecken? / Streben Gipfel noch zur Höh? / Liegt im bergumhegten Becken / noch der Altausseer See? ..."

Diese Frage, wenn auch nicht so poetisch, stellten sich viele der nach 1938 vertriebenen Liebhaber der Gegend. Der damals gefeierte Autor Jakob Wassermann hatte sich der Vertreibung auf seine Weise entzogen. Nach der Machtergreifung der Nationalsozialisten nahm er sich am Silvesterabend des Jahres 1934 in seinem Haus am Altausseer See das Leben.

Christl Kerry wiederum blieb das Schicksal der Emigration erspart. Die begabte Malerin war mit beinahe allen Künstlern, die im Ausseerland ihre zweite Heimat hatten, befreundet. In dem Buch ihrer guten Freundin Johanna Gräfin zu Eltz „Das Ausseer Land" sind viele ihrer Zeichnungen abgebildet. Johanna Gräfin zu Eltz wiederum war

Eingang einer Villa in Altaussee

die Enkelin von Reichskanzler Chlodwig Fürst zu Hohenlohe-Schillingsfürst und seiner Frau Marie, die, wie schon erwähnt, die ersten Aristokraten waren, die sich im Ausseerland ansiedelten. Sie verbrachte ihre Sommer in der Villa Schönborn, noch heute eines der schönsten Häuser in Altaussee. Dort verfasste sie „Das Ausseer Land", eine wunderbare Beschreibung des steirischen Salzkammerguts, das bereits 1947 erschien. Das lange vergriffene Buch wurde vor einigen Jahren wieder neu aufgelegt. Interessant ist der Prolog und seine heute beinahe erschreckende Gültigkeit: „… Wenn auch die Berge noch so stehen / und alle Formen unverrückt geblieben, / so ist doch das, was dir das Tal / so liebenswert gemacht, / nicht mehr, es fehlt der Geist, / der hier gewaltet und der / dem Tal die Seele war …"

Auch der Grundlsee hat seinen Anteil an künstlerischer Prominenz. Vor allem war es der schon erwähnte Konrad Mautner, Sohn eines Wiener Textilfabrikanten, der sich als Volkskundler einen im Ausseerland unsterblichen Namen machte. Schon Arthur Schnitzler vermerkte in seinem Tagebuch über ihn: „Konrad Mautner, grosses Talent." Mautner sind die umfassende Sammlung von Volksweisen, die unter dem Titel „Das steirische Raspelwerk" herauskam, sowie das gemeinsam mit Viktor von Geramb verfasste „Steirische Trachtenbuch" zu verdanken. Er beobachtete das Gößler und Ausseer Brauchtum nicht von der damals üblichen Warte des „hohen Herrn", sondern nahm echten Anteil am Leben der Einheimischen. Auch heute noch sind Konrad Mautners Artikel über Tracht und Brauchtum überaus lesenswert.

Dr. Eugenie Schwarzwald hingegen, studierte Philosophin und Reformpädagogin, hatte in Grundlsee andere Pläne. Sie ließ ein verfallenes Hotel renovieren und gründete 1920 ein „Erholungsheim für geistige Arbeiter". In ihrem Haus „Seeblick" trafen sich bald Kreative jeder Couleur

Oben: In Altaussee
Rechts: Reflexionen Grundlsee

und die Dame des Hauses wachte darüber, dass jene respektvoll miteinander umgingen. Auch dieser besondere „Hotspot" der Kreativität ging im Jahre 1938 unter. Eugenie Schwarzwald starb einige Jahre später in der Emigration.

Der Vater der Psychoanalyse, Sigmund Freud, verbrachte mehrere Sommer am Grundlsee, zuletzt im Haus „Rebenburg". Die Villa des Burgschauspielers Ludwig Gabillon wiederum war Treffpunkt vieler Künstler. Auch der berühmte Schauspieler Josef Kainz hat am Grundlsee einige Sommer verlebt. Weitere Wahlgrundlseer waren Paul Dahlke mit seiner Frau, der Malerin Elfe Gerhart-Dahlke, die Maler Johann Matthias Ranftl und Hans Kobinger sowie die Dichter Hermann Broch und Felix Braun.

Dass auch Paula Wessely und Attila Hörbiger sich in Gößl lange Sommer über heimisch fühlten und engen Kontakt zur Familie Mautner pflegten, wird kaum irgendwo erwähnt. Ihre Tochter, die Burgschauspielerin Elisabeth Orth, die das schöne Ausseebuch „An meine Gegend" verfasste, ist jedenfalls immer noch regelmäßig Gast im Ausseerland.

Im Gegensatz zu den vielen bereits erwähnten „zuagroasten" Künstlern sind nachfolgende echte Ausseer: Michael Moser, 1853 in Altaussee geboren, machte eine der ungewöhnlichsten Karrieren eines Ausseers im 19. Jahrhundert. Mit 14 Jahren folgte er dem Fotografen Wilhelm Burger als Lehrling nach Wien und begleitete ihn 1868 mit der „k. k. Mission nach Ostasien und Südamerika" nach Japan. Nach Ende der Mission blieb Michael Moser bis 1877 in Japan, erlernte die Sprache und arbeitete als Fotograf. Nach diversen Abenteuern kehrte er ins Ausseerland zurück und eröffnete

Spätherbstmorgen beim Gasthof Schraml am Grundlsee

gemeinsam mit seinem Bruder ein Fotostudio in Bad Aussee. In vielen Privathäusern finden sich noch heute Fotografien von Michael Moser.

Der Grundlseer Albert Rastl, geboren 1911, arbeitete zunächst als Briefträger und Postbeamter und begann Anfang der 1930er-Jahre als Autodidakt zu fotografieren. Aus dem Krieg zurückgekehrt, ließ er sich zum Fotografen ausbilden und eröffnete in Bad Aussee ein Atelier, das er bis 1977 selbst führte. Seine Fotos vom Ausseerland, von seinen Bewohnern, Brauchtum und täglichem Leben zählen zu den besten und feinfühlsten, die es zu diesem Thema gibt.

Das Werk des aus Knoppen/Pichl-Kainisch stammenden und weitgehend unbekannten Dichters Herbert Zand beschäftigt sich mit seiner traumatischen Kriegserfahrung; Leid und Tod sind seine Hauptmotive. Über ihn schrieb Elias Canetti: „Herbert Zands Fragmente gehören zu den kostbarsten Vermächtnissen der österreichischen Literatur ..."

Mit Klaus Maria Brandauer, gebürtigem Altausseer und von den Einheimischen „Klaus Miarz" genannt, hat das Ausseerland einen Schauspieler von Weltrang. Neben zahlreichen internationalen Engagements bleiben auch seine Auftritte in dem von Felix Mitterer geschriebenen Stück „Spiel im Berg" unvergessen. Wer das Glück hatte, den unter Brandauers Regie in der Seewiese aufgeführten „Sommernachtstraum" mitzuerleben, hat Shakespeare in seiner schönsten Form an diesem magischen Ort erfahren.

Das literarische Aushängeschild des Ausseerlandes ist Barbara Frischmuth. In eine Altausseer Hoteliersfamilie geboren, studierte sie nicht nur Türkisch, Englisch und Ungarisch, sondern auch Turkologie, Iranistik und Islamkunde. Ihr literarisches Schaffen ist umfangreich, ihre Lesereisen führen sie durch die ganze Welt, aber zu Hause ist sie in Altaussee. „Denken, was nicht sein darf, und was nicht ist erfinden" ist eines ihrer mutigen

Oben: Tiefer Winter in Fischerndorf, Altaussee; rechts: Geschmücktes Brückl in Fischerndorf, Altaussee
Umseitig: Plätte bei der Seeklause am Altausseer See

Mottos. Ihr beeindruckendes Werk ist geprägt von der Suche nach Gerechtigkeit, Gleichbehandlung der Frauen und Bekämpfung der Engstirnigkeit. Mit den Figuren der Amaryllis Sternwieser, der Sophie Silber oder der Sigune Pröbstl schuf sie starke Frauengestalten, die auf der Ausseer Bühne agieren. Ihre tiefgründigen Gartentagebücher sind ein Plädoyer für die Kunst der Pflanzen, ihren Platz in einem Garten zu finden, und eine Huldigung an die „kundigen" Frauen des Ausseerlandes.

Auch der Schriftsteller Alfred Komarek ist geborener Ausseer. Er begann während des Jus-Studiums aus Geldnot zu schreiben und arbeitete lange Jahre für den Rundfunk. In dieser Zeit verfasste er zahlreiche Features, Essays, Hörspiele und Erzählungen. Einige seiner Kriminalromane und zwei seiner Romane über das Aussseerland wurden verfilmt. Dem Aussseerland hat er mit seiner „Käfer"-Tetralogie sowie mit seinen Büchern „Aussseerland – die Bühne hinter den Kulissen" und „Salzkammergut-Reise durch ein unbekanntes Land" ein Denkmal gesetzt. Seine feinsinnige Ironie, sein tiefgründiger Humor und sein wunderbarer Stil machen es höchst vergnüglich, sich in diese vielschichtige Gegend einzulesen.

Auf der „Via Artis" in Grundlsee, Bad Aussee und Altaussee kann man noch heute den Spuren dieser Künstler folgen.

Kulinarisches Ausseerland

Almraungerln (ein Gebäck aus Mehl, Zucker, Butter, Sauerrahm und Zimt) sind das wohl bekannteste Ausseer Gericht. Sie wurden früher von den Sennerinnen zum Almabtrieb bereitet und im Tal verteilt. Wenige kennen Eschbankoch, Schottseiling, Neunhäutelnudel, Rührmülli Schmerzka, Schottsuppe, Holzknechtnocka oder Mostpofesen. Eschbankoch ist das Ausseer Idiom für Braterdäpfel, meistens zur Milchsuppe gereicht, Schottseiling eine mit Specksauerkraut gefüllte Krapfenvariation aus Topfen, Sauerrahm und Mehl. Die Neunhäutelnudel wird neunmal in Schweineschmalz gebacken und selbst starke Esser sind nicht in der Lage, mehr als ein Stück zu verzehren. Die Rührmülli Schmerzka wiederum sind Nockerl aus Sauermilch, die mit Specksauerkraut gegessen werden, während die Schottsuppe aus Schwarzbrot, Wasser und Topfen früher als Frühstück verzehrt wurde. Holzknechtnocka, Knödel aus Mehl, die erst gekocht und dann in Schmalz herausgebacken werden, waren das Standardgericht der Holzfäller.

Man merkt, die ursprüngliche Ausseer Küche war und ist deftig, Mehl, Milchprodukte, Schmalz, Kraut und Speck bestimmen den Speisezettel. Kalorien waren nötig, war doch die Arbeit im Salzbergwerk oder in den Wäldern schwer. Fleisch gab es wenig, gelegentlich Schweinefleisch, Schaf oder ein Huhn an Festtagen. Das Wild hatten sich

Links: Heidelbeeren am Markt in Bad Aussee
Oben: Schottsuppe in der Kantine 191, Altaussee
Umseitig: Beim Kirtag in Altaussee

die Habsburger Herrscher vorbehalten. Nur wenn der Hausherr die Kunst des Wilderns beherrschte, landete auch ein Stück Wild im Kochtopf. Gelegentliches Wildern war im Ausseerland aber durchaus üblich, da die Ausseer nicht einsahen, warum die Wildtiere den Herrschern im fernen Wien vorbehalten sein sollten. Gewisse Lebensmittel, wie Mehl, Zucker oder Grieß, mussten importiert werden, da der Getreideanbau schwierig war und es durch ungünstiges Wetter oft zu Missernten kam. Lange Zeit hindurch wurden die Ausseer Salinenarbeiter in Naturalien entlohnt.

So lernte man im Ausseerland, wie auch in anderen Regionen Österreichs, die karge Kost mit dem, was Garten und Wälder während des Jahres hergaben, zu verfeinern. Das waren Beeren und Pilze, Kräuter und Obst und die widerstandsfähigen Gemüsesorten, die sich in dem rauen Klima anpflanzen ließen. Der Holunder- oder Hollerstrauch zum Beispiel, an jedem älteren Haus des Ausseerlandes zu finden, war nicht nur hilfreich bei Fiebererkrankungen. Sowohl seine Blüten als auch seine Beeren werden in der Ausseer Küche in vielen Variationen verwendet. Alte Ausseer Häuser haben oft noch zwei kleine Häuschen neben dem Haupthaus. Eines wurde als Dörrhaus für Obst genutzt, das andere als Küchenhaus. Beide waren vom Haupthaus getrennt, um die Feuergefahr für die aus Holz erbauten Häuser zu

Oben und rechts oben: Markttag in Bad Aussee
Rechts unten: Saibling bei einer Lechpartie am Altausseer See
Umseitig: Vorbereitung einer Lechpartie in der Fischerhütte am Altausseer See

minimieren. Ein Besuch in den Gasthäusern des Ausseerlandes zeigt, dass Fleisch heute kein Luxusgut mehr ist. Die meisten Speisekarten sind von Fleischspeisen dominiert. Allerdings hat sich hier im Unterschied zu anderen Regionen Österreichs das Bewusstsein erhalten, wenn möglich regionale Erzeugnisse zu verwenden. Einige junge und ambitionierte Gastronomen haben in den letzten Jahren versucht, abseits der deftigen traditionellen Küche mit den einheimischen Erzeugnissen eine neue und leichtere Esskultur einzuführen. Dies mit großem Erfolg – nicht nur bei den sommerlichen „Wahlausseern", sondern auch bei den „Dosigen".

Kein Fest im Ausseerland ohne Bier, Schnaps oder Likör. Vor allem Bier wird häufig als Grundnahrungsmittel angesehen. Besonders gut nachzuprüfen ist das beim Altausseer Bierzelt an drei Tagen des ersten Wochenendes im September. Schnaps wird aus Beeren oder Obst oft noch selbst gebrannt. „Angesetzter" wird meist aus Beeren oder Nüssen hergestellt. Erwähnenswert ist hier wohl der „Zirbene" aus den Zapfen der hoch am Berg wachsenden Latschen. Wer einmal auf der Loserhütte nach einem deftigen Essen diese Mischung aus Schnaps und Medizin genoss, wird verstehen, warum der „Zirbene" so gut zu dieser Gegend passt. Das wohl bekannteste und gefährlichste Getränk des Ausseerlandes ist der „Lupitscher", aus viel heißem Rum und ganz wenig Tee hergestellt. Es sind wohl nur die Lupitscher selbst, die dieses Getränk ohne sichtbare Zeichen der Auflösung vertragen.

Eine besondere Spezialität des Ausseerlandes sind die Fische der kühlen und sauberen Seen. Neben See- und Bachforellen, Hechten, Aiteln und Aalrutten gibt es auch Lauben und Flussbarsche. Der König der hiesigen Fische jedoch ist der Saibling. Das kühle Wasser lässt die Fische langsam wachsen und ihr Fleisch fest und kernig werden.

In einer so stark von Wasser dominierten Region kommt dem Fischfang daher ein hoher Stellenwert zu. Ortsnamen wie etwa Fischerndorf in Altaussee, in dem ursprünglich die Fischer ansässig waren, weisen auf seine große Bedeutung hin.

Die Fangmethode der einheimischen Seefischer hat sich seit prähistorischer Zeit wenig verändert. Auch wenn man heute statt mit dem Einbaum mit der Plätte – einem flachbödigen Holzboot – auf den See hinausfährt. Damals wie heute werden die Fische mit Netzen gefangen, die abends in 20 bis 40 Metern Tiefe ausgelegt und am Morgen wieder eingeholt werden. Pro Netz können so 80 bis 200 Fische gefangen werden. Schon der Hof in Wien wusste die Qualität der Ausseer Fische zu schätzen. In alten Aufzeichnungen lässt sich nachlesen, wie viele Hunderte, ja Tausende Saiblinge und Forellen nach Wien geschickt werden mussten. Die Reise dauerte bis zum Bau der Eisenbahn über vier Tage und konnte nur bewerkstelligt werden, indem man die Fische in Eis kühlte. Interessant ist, dass die Fischrechte am Grundlsee den Habsburgern gehörten, heute den Bundesforsten, aber am Altausseer See immer in der Hand der Einheimischen blieben. Auch in den kleineren Seen, wie Lahngang-, Toplitz-, Steirer- oder Augstsee, hat man versucht Saiblinge auszusetzen, nicht immer mit Erfolg. In früherer Zeit wurde nur im Herbst und Winter bis in den Jänner hinein gefischt, mit dem Sommerfischen wurde erst bei Aufkommen des Fremdenverkehrs Mitte des 19. Jahrhunderts begonnen. Der „Lechtanfang" liegt daher am 11. Oktober, danach beginnt die Lecht- oder Laichzeit.

Links oben: Hinweisschild zur Loserhütte, Altaussee
Rechts: Fischer am Grundlsee

Saiblinge am offenen Feuer, Fischerhütte, Altausseer See

In die Herbstzeit fällt auch eines der größten kulinarischen Erlebnisse des Ausseerlandes: die Lechpartie. Eine Lechpartie ist eigentlich das Erntedankfest der Fischer und war früher nur einigen Einheimischen zugänglich. Lechpartien finden am Grundlsee und am Altausseer See in den jeweiligen Fischer- oder Lechthütten statt. Jeden Herbst gibt es nur fünf Termine und zählt man zu den wenigen Auserwählten, so darf man sich glücklich schätzen. Schon am frühen Nachmittag beginnen in der Fischerhütte am Ende des Sees die Vorbereitungen. Die frisch gefangenen Fische werden getötet und ausgenommen. Das Feuer an der offenen Feuerstelle in der Mitte der Hütte wird angezündet, Brot und Getränke vorbereitet. Kamin gibt es keinen, der Rauch zieht über das Dach ab wie seit uralten Zeiten. Die Saiblinge werden auf Buchenstecken gespießt und um das Feuer langsam halb gegart und halb gegrillt. Von Zeit zu Zeit wenden sie die Fischer bedächtig und geschickt. Wenn es dunkel wird, kommen die Gäste und die Musikanten mit Plätten über den See gefahren. Man sitzt in der rauchigen Hütte um das offene Feuer, trinkt, redet und singt. Sind die Saiblinge fertig, so wird man sich nicht mehr daran erinnern, jemals besseren Fisch gegessen zu haben. Einfach Fisch mit einem Stück Brot und ein wenig Kren, sonst nichts. Archaisch und ein wenig mystisch ist das Zusammensitzen am offenen Feuer, weit genug weg von allen Verpflichtungen. Gefeiert wird bis spät in die Nacht, auch der „Lupitscher" hat seinen Anteil daran. Dann geht es mit Taschenlampen auf den oft beschwerlichen Weg zurück durch den Wald in die Zivilisation. Nur die Fischer verschwinden mit der Plätte über den dunklen See.

Durch eine behutsame Befischung der Seen versucht man heute, die Existenz der wenigen verbliebenen Berufsfischer zu sichern. In der Ortschaft Kainisch haben die Österreichischen Bundesforste außerdem in den letzten Jahren eine erfolgreiche Fischzucht aufgebaut.

Musik

Musik begleitet im Ausseerland nicht nur nahezu alle Feste und Anlässe des traditionellen Jahreslaufs, sie ist auch im täglichen Leben allgegenwärtig. Das erklärt sich sicher nicht nur durch die jahrhundertelange Abgeschiedenheit der Ausseer und durch die Notwendigkeit, für die eigene Unterhaltung zu sorgen. Es herrscht in der Region einfach eine große Lust an der Musik. Nach wie vor wird in vielen Familien die Tradition der Hausmusik gepflegt, die Kinder halten es für selbstverständlich, ein Instrument zu erlernen.

Tanzen, Singen und „Påschen" gehören zu den ältesten Formen der Unterhaltung. Früher wurde in den Scheunen oder auf den Almhütten getanzt – in Socken zur Mundharmonika-Begleitung. Diese Tänze waren vor allem den Jungen vorbehalten, galt es doch, hier sein Mädchen oder seinen Burschen auszuwählen bzw. wieder zu treffen. Die Mädchen erschienen zwar allein oder mit Angehörigen zum Tanz, konnten aber in Begleitung ihres Schatzes nach Hause gehen. Mit der Öffnung des Salzkammerguts und dem wachsenden Tourismus kamen auch neue Melodien und Tänze in die Region. So wurden im 19. Jahrhundert zunehmend Walzer und Polka getanzt, die das Landler- und Steirer-Repertoire erweiterten und die Tanzfiguren veränderten. Die Aufzeichnung der schönsten Lieder und Melodien des Ausseerlandes ist wieder Konrad Mautner zu verdanken. Er

Links: Musikinstrumente in der Fischerhütte, Altaussee
Oben: Konzert der Seer in Grundlsee

Oben: Pfeifertag auf der Roßmoosalm
Rechts: Pfeifertag auf der Blaa-Alm

sammelte Gasslreime, Vierzeiler, Melodien und Lieder. 1910 veröffentlichte er das „Steyerische Rasplwerk" und „Alte Lieder und Weisen aus dem Steyermärkischen Salzkammergute". Sie gelten als eine der außergewöhnlichsten Volksliedersammlungen in deutscher Sprache. Auch Geigen waren im Ausseerland beliebte Instrumente. Beeinflusst durch den seit dem 18. Jahrhundert in Goisern heimischen Geigenbau, gab es auch im Ausseerland einige Geigenbauer. Ärmere Musikanten allerdings fertigten sich selbst Geigen an, zum Beispiel aus Holzschachteln.

Musikstücke und Tänze wie Schleunige, Landler und Steirischer werden oft von Gstanzln und „Påschen" begleitet. Letzteres übersetzt man am besten mit Klatschen. Bei dieser Männerdomäne werden die Hände als Musikinstrumente eingesetzt, als rhythmisches, aufeinander abgestimmtes Klatschen in der Gruppe. Sechs oder mehr unterschiedliche Rhythmusfunktionen sind dabei möglich. Vor dem Påschen wird immer ein Gstanzl, also ein gereimter Vierzeiler, gesungen. Durch kurze Signalwörter werden Rhythmus oder Form des Påschens verändert, selbst die Haltung der Hände – hohl oder flach – hat entscheidende Auswirkung auf den Klang. „Einipåschen" ist jedenfalls streng verpönt!

Almrufe oder Almschreie sind ebenso eine besondere Musikform. Sie entstanden als Verständigungsrufe in gebirgigen Gegenden, um weite Distanzen akustisch zu überbrücken. Im Ausseerland entwickelte sich mit dem „Almschroa" eine nur hier überlieferte Form. Die Sennerinnen führten längere melodiöse Unterhaltungen, die mit Jodelsilben begannen und endeten. Dazwischen lagen oft stundenlange gesungene Zwiegespräche, je nach Stimmungslage im Kopf- oder Brustton. Dies alles über weite Entfernungen hinweg.

Das älteste prähistorische Fundstück des Ausseerlandes ist eine Flöte, geschnitzt aus einem Bärenknochen. Noch heute ist dieses Instrument

eng mit der Region verbunden. Die typischen Flöten werden hier als Pfeifen bezeichnet: Die „Seitlpfeife", auch Schwegelpfeife genannt, ist die Urform der Querflöte, ein einfaches hölzernes Instrument mit sechs Grifflöchern, das früher oft einhändig, zugleich mit einer Trommel gespielt wurde. Jedes Jahr zu Mariä Himmelfahrt, am

Oben: Seitlpfeifer
Rechts: Rast beim Pfeifertag auf der Blaa-Alm

15. August, treffen einander Seitlpfeifer sowie andere Bläser, Trommler, Geigenspieler und Maultrommler zum gemeinsamen Musizieren auf einer der Almen des Salzkammerguts.

Der „Pfeifertag" wurde 1925 von dem Volksliedforscher Raimund Zoder ins Leben gerufen, um den damals aussterbenden Brauch des Schwegelpfeifens zu fördern. Die ersten Treffen fanden auf der Blaa-Alm bei Altaussee statt, nur einige Seitlpfeifer fanden sich zum Musizieren ein. Seit damals kam man jedes Jahr (mit Ausnahme der Kriegsjahre) auf einer anderen Alm des Salzkammerguts zusammen und muss sich heute um Nachwuchs keine Sorgen mehr machen.

Die jeweilig testamentarisch berufenen Organisatoren oder „Pfeiferväter" haben dafür gesorgt, dass der Pfeifertag ein Tag zur Pflege des Brauchtums und Geheimtipp für Musikliebhaber ist und bleibt. Trotz großen Zuspruchs haben sie es erfolgreich vermieden, diese Zusammenkunft verschiedener Musiker zu einem kommerziellen Volksfest werden zu lassen. So wird man weder Plakate noch andere Werbung dafür finden. Das Treffen für das nächste Jahr wird vom Pfeifervater einfach am jeweiligen Pfeifertag verkündet. Programm gibt es für diesen speziellen Tag keines, einfach nur viel Musik und herzhafte Kost von den jeweiligen Hüttenbesitzern. Als einzige Regel gilt: Der Vormittag ist den Pfeifern vorbehalten, erst am Nachmittag kommen Bläser, Streicher, Trommler und andere Musikanten hinzu. Den Zuhörern ist es gleich, sie können wahlweise den gesamten Tag auf der Alm von einer Musikgruppe zur anderen wandern.

Die starke musikalische Tradition des Salzkammerguts hat auch heutige Musiker beeinflusst, geformt und weit über die Grenzen Österreichs bekannt gemacht. So zum Beispiel Hubert von Goisern, Mitbegründer des sogenannten „Alpenrock", die „Ausseer Hardbradler", die „Ausseer Geigenmusi", die „Grundlseer Geigenmusi", die „Bradlmusi" und „die Seer", um nur einige Interpreten zu nennen.

Links: Seitlpfeiferin, Pfeifertag auf der Weißenbachalm
Oben: Pfeifertag auf der Blaa-Alm

Brauchtum

Durch die jahrhundertelange Abgeschiedenheit haben sich im Ausseerland viele Bräuche noch in ihrer ursprünglichen Form erhalten und sind wichtiger Bestandteil des ländlichen Jahreslaufs. Dazu gehören auch die Traditionen zur Faschingszeit. Im Ausseerland beginnt das bunte Treiben am Faschingssonntag und dauert drei „heilige Fåschingståg" lang, während derer die Straßen von „Maschkera", maskierten Gestalten, bevölkert sind. Die Hauptfiguren sind „Trommelweiber" und „Flinserln" sowie die „Pless", wobei Letztere symbolisch für den Winter stehen. Die Burschen haben Weidenkörbe über den Kopf gestülpt und jagen die Kinder mit auf Stöcken befestigten, nassen Lappen. Die Kinder wiederum versuchen, die „Pless" aus dem Ort zu vertreiben. Am Faschingsmontag und Faschingsdienstag ziehen die „Trommelweiber" mit ihren großen Grenadiertrommeln mit viel Lärm durch die Gegend. Unter den weißen Nachthemden mit Schlafhauben und den Frauenmasken stecken in Bad Aussee ausschließlich Männer, geteilt in „Arbeiter-" und „Bürgertrommelweiber", die sich zuvor einer harten – und hochprozentigen – Aufnahmeprüfung unterziehen müssen. Diese Tradition geht wohl auf frühere Männerbünde zurück; auf der Fahne der „Trommelweiber" ist das Jahr 1767 vermerkt – es handelt sich bei diesem Umzug also um einen sehr alten Brauch. Ebenfalls auf der Fahne hängen die ringförmigen „Beigln".

Links: Flinserl beim Fasching in Bad Aussee
Oben: Herstellung eines Flinserlkostüms

Links oben: Die Fischer beim Fasching in Bad Aussee

Links unten: Taubenschützen vor dem Gasthaus Schneiderwirt in Altaussee

Rechts: Trommelweiber in Bad Aussee

Dieses Gebäck, auch „Beugl" genannt, ist bereits seit über 500 Jahren als Fastengebäck bekannt. Es stammt vom jüdischen Brauchtumsgebäck „Bejgl" ab, dem es auch in der Form ähnelt. „Trommelweiber" gibt es ebenso am Grundlsee sowie in Altaussee, wo wirklich teilweise Frauen unter den Kostümen stecken. Am Nachmittag des Faschingsdienstags kommt es dann zum schönsten Teil des Ausseer Faschings. Die „Flinserlmusik" führt den Zug der „Flinserln" an – in mit bunten Tuchlappen und Tausenden von Silberpailletten bestickte, farbenfrohe Gewänder gehüllte Gestalten. Die „Flinserln" haben sich aus den „Fleckerln", die seit dem 15. Jahrhundert in Obersdorf nachweisbar sind, entwickelt. Die oft kolportierte Herkunft der Kostüme aus dem Salzhandel mit Venedig konnte nicht nachgewiesen werden. Ein Flinserlkostüm herzustellen, nimmt viele Arbeitsstunden in Anspruch. Im Ausseerland existieren noch ungefähr 120 solcher Kostüme. Die Flinserln stellen ein kleines „Rügegericht" dar, sagen Sprüche über Mitbürgerinnen und Mitbürger auf und halten diesen damit einen Spiegel vor. Die Kinder wiederum sagen „Flinserlsprüche" auf, als Belohnung verteilen die „Flinserlmandln" und „-weibln" Nüsse und Orangen an sie. Wenn sich große Kinder dabei vordrängen, werden sie vom „Zacherl" mit auf Stielen befestigten, aufgeblasenen Schweineblasen zurückgehalten.

Links: Trommelweib in Bad Aussee
Rechts: Brauchtumspflege beim Schneiderwirt in Altaussee
Umseitig: Taubenschütze in Altaussee

Eine weitere wichtige Tradition im Salzkammergut sind die Schützengesellschaften, von denen es immer noch zahlreiche gibt. Ihre Wurzeln reichen zum Teil bis ins 16. Jahrhundert zurück. Dies beweist indirekt ein Ladschreiben aus dem Jahre 1585 an die „Püxenschüzen und Schiesfreinth bey fürstl. Camergut und Salz Sieten zu Aussee". Das Schützenwesen hat sich entgegen landläufiger Meinung nicht aus der Jagd entwickelt, sondern diente schon in seinen Anfängen als Zeitvertreib und dem geselligen Beisammensein. Noch immer hat es einen großen Stellenwert; die lokalen Schützengesellschaften werden unter anderem nach den verschiedenen Waffengattungen unterschieden. Schön anzusehen sind auch die Zielscheiben einiger Schützengesellschaften. Zu bestimmten Anlässen – wie dem Krampusschießen, dem Spanferkelschießen oder zu runden Geburtstagen von Vereinsmitgliedern – entwirft man besonders originelle Gedenkscheiben. Eine Rarität stellen die Taubenschützen dar. Das Taubenschießen ist ein Brauchtum, das im Ausseerland wahrscheinlich weitverbreitet war, heute aber nur noch beim „Schneiderwirt" in Altaussee gepflegt wird. Dabei muss das Ziel mit einer als Taube gestalteten schweren Figur getroffen werden. Über die Entstehung der Taubenschützen ist nur wenig bekannt, wahrscheinlich haben aber Bauern diese günstige Variante des Schützenwesens als Zeitvertreib erfunden.

Links oben, rechts und umseitig: Kirtag in Altaussee
Links unten: Bierzelt beim Kirtag in Altaussee

Am ersten Wochenende im September verwandelt sich das beschauliche Altaussee alljährlich zu einem großen Vergnügungsrevier. Beim sogenannten Kiritag oder Altausseer Bierzelt feiern Einheimische und Gäste, natürlich in Tracht, drei Tage lang. Das Fest findet vor der eindrucksvollen Kulisse des Losers und der Trisselwand statt. Im Mittelpunkt steht das riesige Bierzelt der Freiwilligen Feuerwehr Altaussee, die mit den Einnahmen dieses einen Wochenendes ihre Arbeit für das gesamte Jahr finanzieren kann: Beeindruckende 55.000 Krügel Bier werden in dieser Zeit ausgeschenkt, über 10.000 Brathendln und einige Hundert Saiblinge aus den umliegenden Fischereien verspeist.

Abseits der leiblichen Genüsse amüsiert man sich bei diversen Kirtagsständen und Attraktionen, trifft Freunde und Bekannte und musiziert und singt zusammen. Ein besonderes Ereignis ist dabei immer die Ankunft der Ebenseer Gruppe, die jedes Jahr über das Tote Gebirge zum Kirtag in Altaussee wandert. Gefeiert wird nicht nur am Samstag, von den Einheimischen etwas abschätzig der „Wiener Tag" genannt, und Sonntag, sondern auch am „Kirimontag", der ganz den Einheimischen gehört.

Im Frühjahr, zwischen Mitte Mai und Mitte Juni, wenn alle Wiesen und Hänge im Ausseerland vom strahlenden Weiß der „sternblütigen

Beim Kirtag in Altaussee

Narzisse" (Narcissus radiiflorus) bedeckt sind, findet seit 1960 jedes Jahr das beliebte Narzissenfest statt. Die eigentliche Heimat dieser Blume ist Südeuropa, sie wurde aber in Mitteleuropa eingebürgert, wo sie in Österreich besonders im Salzkammergut, in der Obersteiermark und im südwestlichen Niederösterreich gedeiht. Beim Narzissenfest werden große, fantasievoll gestaltete und mit Narzissen geschmückte Figuren präsentiert. Diese Figuren werden aus Holzgestellen gestaltet, die mit engmaschigem Drahtgitter überzogen werden. Erst in der Nacht vor dem Fest werden die Figuren geschmückt. In jede Öffnung des Drahtgitters wird ein kleiner Strauß Blumen gesteckt. Für größere Motive werden bis zu 300.000 Narzissen benötigt, und viele Helfer arbeiten meist die ganze Nacht.

Am Sonntag des Narzissenfestes werden die bis zu 40 Figuren nach dem Autokorso entweder am Grundlsee oder Altausseer See anschließend auf Boote verladen und bei einer Fahrt am Seeufer entlang präsentiert. Dabei werden sie von einer Jury prämiert. Man ist auch darauf bedacht, die weiße Pracht entsprechend zu schützen: Es wird nur ein Bruchteil der Narzissen im Ausseerland für die Figuren gepflückt; außerdem schadet das Pflücken den Pflanzen nicht – im Gegenteil, die Zwiebeln werden dadurch sogar gestärkt und blühen im folgenden Jahr noch schöner.

Links: Narzissenfest am Altausseer See

Rechts oben: Narzissenwiesen bei Wienern am Grundlsee mit Blick zum Backenstein

Rechts unten: Herstellung der Figuren für das Narzissenfest in Grundlsee

Umseitig: Krampusse beim Bad Mitterndorfer Nikolospiel

In Bad Mitterndorf im Hinterbergertal hat sich mit dem „Nikolospiel" eine ganz besondere Tradition erhalten. Seit über 120 Jahren beginnt jedes Jahr am 5. Dezember mit Einbruch der Dunkelheit in dem kleinen Ort Krungl der Zug der verschiedenen Figuren, die an fünf Plätzen, meist Wirtshäusern, eine bäuerliche Version des „Jedermann"-Motivs spielen. Die Texte haben sich im Laufe der Zeit kaum verändert. Auch einige der Masken, die dabei getragen werden, sind schon sehr alt und werden im Heimatmuseum aufbewahrt. Den Zug der rund 95 Gestalten führen die zwölf „Schabmänner" an. Sie stellen Fruchtbarkeitsfiguren dar, ihre Gewänder bestehen aus gedroschenem Roggenstroh. Drei schwere Strohkittel um Taille, Brust und Schultern

Links: Krampus beim Bad Mitterndorfer Nikolospiel
Oben: Schabkostüme in Krungl

Links: Schabmann beim Ankleiden, Krungl
Rechts: Die Schabmänner beim Bad Mitterndorfer Nikolospiel

bilden das eigentliche Kostüm. Charakteristisch sind die Kopfbedeckungen mit den meterlangen Hörnern aus strohumwickelten Haselstecken, die in den Himmel ragen. Woher die Kostüme kommen, ist nicht überliefert, erste Bilddokumente gibt es aus dem Jahre 1920.

Die Schab tragen lange Fuhrmannspeitschen und sorgen mit ohrenbetäubendem Schnalzen beim Nikolospiel für ausreichend Platz auf den Straßen. Dahinter folgen der Nikolo, der Pfarrer, der Messner, der Eheteufel, der Tod, der Quartiermacher sowie der Nachtwächter. Der Quartiermacher fragt beim jeweiligen Hausherrn an, ob der Zug eintreten darf. Mit dem Schimmelreiter geht der freundliche Bartl einher – seine Maske ist mit über 200 Jahren die älteste. Der Bettelmann und der Sensenmann treten gemeinsam auf. Die Habergeiß ist eine weitere besondere Figur, sie steht ebenfalls für Fruchtbarkeit. Damit ist auch der Reigen der gefährlichen Figuren eröffnet: Der Schmied kann den Zuschauern schon einmal mit seinem Hammer auf die Zehen klopfen. Die Bande der Krampusse verbreitet am Ende des Zuges Angst und Schrecken. Unter Luzifers Helfer mischen sich auch die sogenannten Nikolojäger, die die Krampusse im Zaum halten und achtgeben, dass das Nikolospiel nicht außer Kontrolle gerät. Erst das Hornsignal des Nachtwächters setzt nach circa vier Stunden dem wilden Treiben ein Ende.

Bad Aussee

Bad Aussee, 1265 erstmals urkundlich erwähnt, bildet das Zentrum des Ausseerlandes. In der zweiten Hälfte des 13. Jahrhunderts wurden am Zusammenfluss der Grundlseer und Altausseer Traun Sudhäuser errichtet, da es einfacher war, das im Sandling gewonnene Salz gleich dort aufzubereiten und anschließend auf der Traun weiterzutransportieren. Beinahe zeitgleich wurde der Ort zum Markt ernannt. Das Ausseerland und somit auch Aussee sowie das Ischlland waren Teil des Kammergutes, also landesfürstliches Eigengut der Habsburger, und bildeten das eigentliche Salzkammergut. Die Sudpfannen produzierten fleißig Salz, alles strömte nach Aussee, um Salz abzuholen oder Holz zu liefern. Auch der Stand der „Hallinger", die als Salzfertiger weitgehend unabhängig von den Habsburgern waren, erlebte hier seinen wirtschaftlichen Aufschwung. Die großen Bürgerhäuser zeugen noch heute von diesem frühen Reichtum Aussees. Ein Spaziergang entlang der Hauptstraße und der Kirchengasse führt vorbei an zahlreichen historischen Gebäuden, vom heutigen Kurhaus bis zur jäh ansteigenden alten Salzstraße in Richtung Radlingpass, der damals einzigen Verbindung nach Mitterndorf. Besonders erwähnenswert ist hier das 1498 erbaute Gebäude des Gasthofs „Weißes Rössl" an der Mautbrücke, in dem einst der mächtige Salzverweser Hans Herzheimer (1464–1532) wohnte.

Links: Alte Spitalskirche in Bad Aussee
Oben: Ansicht von Bad Aussee von der alten Salzstraße

Am Meranplatz erinnert das noch im Familienbesitz befindliche elegante Meranhaus aus dem 16. Jahrhundert an die außergewöhnliche Verbindung der Postmeistertochter Anna Plochl mit Erzherzog Johann von Österreich. Anna, älteste Tochter des damaligen Postmeisters von Aussee, und der Erzherzog hatten sich bereits 1816 in Grundlsee erstmals gesehen, 1819 trafen sie einander am Toplitzsee wieder. Anna folgte dem Erzherzog 1823 als „Hausfrau" nach Vordernberg, nachdem dessen Bruder Kaiser Franz I. seine Einwilligung zu dieser damals unstandesgemäßen Eheschließung verweigert hatte.

Erst 1829 konnten Anna Plochl und Erzherzog Johann im Schloss Brandhof heiraten. 1839 wurde ihr Sohn Franz als einziges Kind dieser Verbindung geboren und 1845 als Graf von Meran in den erblichen Grafenstand erhoben. Anna Plochl überlebte ihren Mann um 26 Jahre und verbrachte ihren Lebensabend in Bad Aussee. Beide sind auf Schloss Schenna in Meran begraben. Ein Denkmal im Kurpark in Bad Aussee erinnert an den beliebten Habsburger und seine enge Bindung an die Region. Die inzwischen zahlreichen Nachkommen der Familie Meran treffen sich gelegentlich im Ausseerland.

Ebenfalls auf dem Meranplatz befindet sich das ehemalige Mauthaus aus dem 16. Jahrhundert, in dem die Salzfuhrleute früher ihre Abgaben leisten

Oben: Gasthof Blaue Traube
Umseitig: Pfarrkirche St. Paul

Oben: Fresko im Kammerhof in Bad Aussee
Rechts: Mautbrücke mit Meranhaus in Bad Aussee

mussten, bevor sie die beschwerliche Reise über den Radling- oder Pötschenpass antraten. Etwas zurückversetzt an der Grundlseer Traun steht die alte Steinmühle aus dem 15. Jahrhundert, die ihre wunderbare Sgraffitofassade um 1600 erhielt. Bemerkenswert ist auch die frühgotische „Heiligen Geist Kirche" oder „Spitalkirche", die vor 1395 als Kapelle des angrenzenden Salinenspitals entstand und noch in ihrer mittelalterlichen Form erhalten ist. Ihr schöner Flügelaltar wurde 1449 von Kaiser Friedrich III. gestiftet.

Etwas weiter in der Kirchengasse, bevor die Salzstraße steil ansteigt, steht der sehr gut erhaltene Gasthof „Zur blauen Traube", 1454 urkundlich erwähnt und somit eines der ältesten Häuser von Bad Aussee. Das Gebäude, ursprünglich im Besitz der Familie Ermann wurde als Wehrbau angelegt, hat ein spätgotisches Rundbogenportal und im Eingangsbereich befinden sich mehrere Römersteine.

Beinahe gegenüber betritt man die beeindruckende Pfarrkirche St. Paul, erstmals um 1300 erwähnt, mit einem spätgotischen Sakramentshäuschen aus dem frühen 16. Jahrhundert sowie einer gotischen „Schöne Madonna"-Statue und spätgotischem Kreuzrippengewölbe. Gleich daneben findet man das prächtige Podenhaus aus dem 16. Jahrhundert, benannt nach der wohlhabenden Kaufmannsfamilie Poden, die dem Haus seine heutige Gestalt gab. Folgt man der Salzstraße weiter in Richtung Radlingpass, so trifft man auf die Filialkirche St. Leonhard, auch „Kirche der Salzfuhrleute" genannt. Anfang des 15. Jahrhunderts erbaut, war St. Leonhard durch die Abgaben der Salzfuhrleute lange Zeit eine der reichsten Kirchen des Ausseerlandes.

Auf dem ruhigen oberen Marktplatz im Ortszentrum, heute als Chlumetzkyplatz nach einem österreichischen Minister aus dem 19. Jahrhundert benannt, stehen die ehemaligen Gebäude der Salinenverwaltung. Der einstige Hofkasten diente jahrhundertelang zur Naturalentlohnung der Salinenarbeiter. Ende des 19. Jahrhunderts wurde er abgerissen und durch ein Gebäude im Stil der Wiener Ringstraßenarchitektur ersetzt.

Das eindrucksvollste Gebäude am Platz ist der Kammerhof, mit dessen Bau vor 1395 begonnen wurde. Damit ist er einer der ältesten erhaltenen Profanbauten Österreichs. Bis 1926 war im Kammerhof das Salzamt untergebracht, seit 1950 beherbergt das Haus ein Museum. Hier kann man eine umfassende Sammlung lokaler Tracht sowie interessante Ausstellungsstücke zu Brauchtum und Musik, aber auch zur Salzgewinnung, Archäologie und Höhlenkunde bewundern. Im Kaisersaal im ersten Stock wurden Mitte des 20. Jahrhunderts Fresken aus dem Jahr 1740 freigelegt, die die Salzproduktionsstätten des Ausseerlandes zeigen. In dem Saal haben einst Kaiser Friedrich III. und Kaiser Maximilian I. übernachtet, an deren Besuch im Jahre 1511 erinnert auch ein Wappenstein über dem Portal. Der Chlumetzkyplatz ist besonders an Donnerstagen ein beliebter Treffpunkt, wenn dort der traditionelle Wochenmarkt abgehalten wird.

Einen ersten Rückgang erlebte Aussee mit der Inbetriebnahme der Saline in Ebensee 1607. Als 1742 die Salinengebäude abbrannten, erfasste das Feuer auch viele Holzhäuser der „Pfannhauser" in der heutigen Ischlerstraße. Diese wurden

Links: Fenster im Kammerhof, Bad Aussee
Oben: Kammerhof am Chlumetzkyplatz in Bad Aussee
Umseitig: Beim Sommersbergsee mit Blick zum Sarstein

zwar wieder aufgebaut, aber Anfang des 19. Jahrhunderts war vom ehemaligen Reichtum Aussees nicht mehr viel übrig geblieben. Dem Ort und vor allem den Salinenarbeitern ging es wirtschaftlich schlecht. Um 1860 wurden die Sudpfannen aus dem Ortszentrum nach Unterkainisch verlegt. Im ehemaligen Rastl-Dörrhaus am Hauptplatz logierte ab 1883 die k. k. Post, bis das imposante Gebäude 1956 einem hässlichen Neubau weichen musste.

Auch der Tazerturm an der Altausseer Traun, ehemals Pflegeamt der Herrschaft Pflindsberg, später Sitz der k. k. Finanzwache, wurde Anfang des 20. Jahrhunderts abgetragen. Mit dem Umzug der Sudhäuser begann sich Aussee jedoch zum Kurort zu wandeln, wobei das Kurwesen dort bereits seit 1501 bestanden hatte. In diesem Jahr wird eine schon länger bestehende „Fronbadestube", in der sich die Salinenarbeiter reinigen konnten, erstmals urkundlich erwähnt. Ende des 19. Jahrhunderts wurde die Badestube dann zur noblen „Badeanstalt Vitzthum". Anstelle der abgetragenen mittelalterlichen Sudhäuser entstand nach und nach ein Kurpark. Der dort befindliche „Mittelpunktstein" weist Bad Aussee übrigens als das geografische Zentrum Österreichs aus, auch wenn dies nach neuen Messungen nicht ganz stimmt.

Das elegante Kurhaus, von Max Cordignano erbaut und heute Veranstaltungszentrum, wurde direkt auf den Grundmauern der mittelalterlichen Saline errichtet. In dem Gebäude ist außerdem

Links oben und rechts unten:
Pfarrkirche St. Paul in Bad Aussee

Rechts oben: An der alten Salzstraße zum Radlingpass

Morgen am Sommersbergsee mit Blick zum Zinken

das legendäre „Café Lewandofsky" untergebracht, ein traditionelles, altösterreichisches Kaffeehaus, das schon seit 1870 zu den beliebtesten Treffpunkten in Bad Aussee gehört. Ein Platz an einem der Tische im Freien bietet die beste Möglichkeit, zu sehen und gesehen zu werden sowie das geschäftige Treiben in Bad Aussee zu genießen, vor allem an Markttagen.

Der Anschluss Aussees an die Salzkammergutbahn im Jahre 1877 öffnete den Ort endgültig für die zahlreichen Besucher. Mit den neuen Gästen veränderte sich auch der Markt – es entstanden elegante Hotels wie das „Kaiser von Österreich" und das „Hotel Post", heute aber als solche nicht mehr zu erkennen, während im Ortsteil Praunfalk, benannt nach dem Salzverweser Christoph von Praunfalk, die reichen Kurgäste zahlreiche Villen errichteten. Erst 1911 wurde dem Ortsnamen offiziell das „Bad" vorangestellt.

Bad Aussee ist nicht nur ein Ort mit zahlreichen Sehenswürdigkeiten, auch nirgendwo sonst in Österreich findet man heute noch eine so hohe Dichte an verschiedenen Trachtenherstellern. Hut- und Lederhosenmacher, Handdruckereien und Schuster, Dirndlschneidereien und Trachtenwerkstätten, ja sogar ein Geschäft für Dirndlschmuck drängen sich hier dicht an dicht.

Etwas außerhalb Bad Aussees liegt das sanft geschwungene Reitererplateau, von dem aus man einen wunderbaren Blick auf die umliegenden Berge hat. Hier befindet sich das traditionsreiche „Hotel Wasnerin", das der Komponist Wilhelm Kienzl bei seinen Aufenthalten im Salzkammergut noch als „Kaffeewirtschaft" bezeichnete. Kienzl selbst bewohnte viele Sommer lang das sogenannte winzige „Stöckl" nebenan. Später wurde die „Wasnerin" zu einem mondänen Quartier für die berühmten Besucher Bad Aussees, heute ist es ein Wellness-Resort. Beneidenswert sind die Gäste vor allem wegen des atemberaubenden Blicks auf den Dachstein.

Nicht weit von dort, an der Straße zum Pötschenpass, erhebt sich der „Lenauhügel", Lieblingsaufenthaltsort des zu Schwermut neigenden Dichters Nikolaus Lenau. Auf diesem Hügel wollte einst Aussees mächtiger Salzverweser Hans Herzheimer einen Turm errichten lassen, der das Wissen seiner Zeit zeigen sollte. Nach Herzheimers Tod verfiel das halb fertiggestellte Gebäude jedoch wieder. Am Ende des Reitererplateaus und somit am Fuße des Sarsteins liegt ein reizender Moorsee. Der Sommersbergsee erfreut sich bei Besuchern des Ausseerlandes großer Beliebtheit, ist er doch ob seiner geringen Tiefe der wärmste Badesee des Ausseerlandes.

Links: Bei Helmbühel am Reitererplateau
Oben: Wintermorgen bei Reitern am Reitererplateau

Altaussee

„Anders als die übrigen Perlen des Salzkammergutes ist Altaussee keine Durchgangsstation. Hier bildet die Natur gewissermaßen eine Sackgasse. Wer nach Altaussee kommt, will nirgends hin als nach Altaussee, und wollte er's, so könnte er's nicht. Von hier aus geht's nicht weiter. Altaussee ist ein Abschluß, ein krönender Abschluß. Die Berge 'liegen' nicht einfach am See, sie umfassen und umhegen ihn, sie bilden beinahe eine Art Festung, in der man sich wohlig geborgen fühlt. Ich weiß genau – und dieser spontane Eindruck hat sich von meiner Kindheit bis in die heutige Rationalisierung erhalten –, daß es dieses Gefühl der Geborgenheit war, ja schon fast ein Gefühl der Zugehörigkeit, das mir hier und nur hier zuteil wurde ..." Dieser Text Friedrich Torbergs beschreibt wie kein anderer das Wesen und die Anziehungskraft Altaussees.

Der dunkle Altausseer See macht jedenfalls dem Attribut „Gebirgssee" alle Ehre: Er wird umrahmt von der Trisselwand, die senkrecht aus dem See aufzuragen scheint, der Felskrone des Losers, dem Plattenkogel und dem Sandling. Seine Ufer sind nicht verbaut, eine Rarität im Salzkammergut. Der schöne Gehweg um den See, beliebter Korso der Sommerfrische-Gesellschaft, führt vorbei an der Fischerhütte zur idyllischen Seewiese mit dem ehemaligen Jagdhaus der Fürsten Hohenlohe-Schillingsfürst, heute als Jausenstation

Links: Sommernachmittag am Altausseer See
Oben: Anschlagtafel in Altaussee

betrieben. Der Blick von der Seewiese zum Dachsteingletscher zählt zu den schönsten dieser Gegend. Ganz am Ende der Seewiese, hoch oben in der Felswand befinden sich die als sogenannte „Liager" bezeichneten Höhlenausgänge. Bei Schneeschmelze oder Dauerregen fangen diese an zu „gehen", das heißt, gewaltige Wasserströme schießen aus den Löchern. Für jeden, der dies schon einmal miterlebt hat, ein außergewöhnliches Schauspiel.

Der Ort Altaussee selbst liegt am Fuße des Losers und somit des Toten Gebirges und direkt am Ufer des Sees. Im Sandling, dem 1717 Meter hohen Berg nordwestlich der Gemeinde, befindet sich das größte Salzvorkommen Österreichs. Der Salzabbau wurde hier 1147 in einer Urkunde Ottokars III. erstmals erwähnt, von einer Ansiedlung zu dieser Zeit gibt es keine Nachweise. Doch neueste Funde am Sandling zeigen, dass hier wohl bereits in frühgeschichtlicher Zeit Menschen gelebt haben. Im Mittelalter trug die Gegend die Bezeichnung „Mahorn", was so viel wie „(a)m Ahorn(berg)" bedeutet, später wurde sie „Awsse interior", also „inneres Aussee", genannt. Bis zum 13. Jahrhundert wurde das Salz gleich am Fuße des Berges gesotten, doch als dort die Holzvorkommen zur Neige gingen, wurde eine Alternative notwendig. Herzog Albrecht I. beschloss, im Tal, dort wo über die beiden Traunflüsse genügend Holz auch aus entfernter liegenden Gebieten herangeschafft werden konnte, eine Saline zu errichten. So entstand der Markt Aussee, das heutige Bad Aussee, und das „Innere Aussee" wurde

Links: Wegweiser in Altaussee
Rechts: Blick von der Seewiese am Altausseer See zum Dachsteingletscher
Umseitig: Sommerfrische am Altausseer See

Blaa-Alm mit Loser

zu „Altenaussee", später zu Altaussee. Auch die Bewohner der beiden Orte wurden auf diese Weise getrennt: Von nun an lebten die Bergherren und Knappen in Altaussee, die Salzbeamten und Salinenarbeiter hingegen in Bad Aussee. Der Salzbergbau im Sandling, der von der Bevölkerung oft einfach der „Salzberg" oder „Berig" genannt wird, ist heute immer noch in Betrieb, ebenso kann ein Schaubergwerk besichtigt werden. Bis vor wenigen Jahren konnte man im Berg am Ufer des Salzsees im Rahmen des Festivals „Poesie im Ausseerland" Kunst genießen. Schon der gebürtige Altausseer Klaus Maria Brandauer hat hier gelesen, und auch Felix Mitterer verfasste ein Stück für diese besondere Bühne. Später musste das Theater allerdings aus Sicherheitsgründen geschlossen werden.

Im 19. Jahrhundert entdeckten adelige und großbürgerliche Familien den Altausseer See für sich. Zu den ersten Gästen zählten Fürst Chlodwig zu Hohenlohe-Schillingsfürst und seine Frau Marie, die das Gebiet anlässlich einer Jagd entdeckt hatten und 1864 das Haus Altaussee Nr. 1, den ehemaligen Schneiderwirt, erwarben. Bald folgten die Familien Eltz, Trauttmansdorff, Alten, Schönborn und Czernin. Die Villa Eltz, bis heute in Familienbesitz, gilt als eine der schönsten Häuser des Ortes.

Auch Herzog Adolph von Nassau-Weilburg besaß eine Sommerresidenz in Altaussee, das spätere und heute leider abgerissene Parkhotel. Kaiser Franz Joseph und Kaiserin Elisabeth besuchten Altaussee öfters, wobei die Kaiserin gerne Wanderungen unternahm. Auch Kaiser Wilhelm I. kam zu Besuch und logierte im damaligen Seehotel. In der Villa Zwiedineck wiederum, nach ihrem Besitzer General Zwiedineck von Südenhorst benannt, haben sogar Erzherzog Maximilian von Österreich, Bruder von Kaiser Karl I., und seine Braut, Prinzessin Franziska zu Hohenlohe, 1917 ihre Flitterwochen verbracht.

Den Adeligen und Großbürgern folgten bald Künstler und der Altausseer See wurde für viele Autoren zu einem „riesigen Tintenfass, in das sie ihre Federkiele tauchten", wie es Raoul Auernheimer, selbst Schriftsteller, treffend formulierte. Ferdinand von Andrian-Werburg, Nikolaus Lenau, Arthur Schnitzler, Hermann Bahr, Johannes Brahms, Stefan Zweig, Richard Beer-Hofmann, Hermann Broch, Friedrich Torberg, Fritz von Herzmanovsky-Orlando und viele andere waren in Altaussee zu Gast und genossen hier ihre Sommer. Einige errichteten bald ihre eigenen Villen, andere wohnten in schlichten Privatzimmern bei Altausseer Bauern, die für die Sommerfrischler ihre Häuser räumten und für diese Zeit mit ihren Familien in der „Sommerkuchl" oder dem Stadel wohnten. Bald begannen auch einige Altausseer, ihre Häuser für die Fremden auszubauen, und statt des schlichten „Brückls" (Windfang vor der Eingangstür) entstanden gedeckte, zweistöckige Veranden an den Häusern.

Auch Hugo von Hofmannsthal verbrachte viele Sommer in Altaussee und 1896 erschien im „Simplicissimus" unter dem Pseudonym „Loris" Hofmannsthals Erzählung „Das Dorf im Gebirge", womit Altaussee gemeint war. Der Redakteur der Zeitschrift, Jakob Wassermann, war so beeindruckt von der Beschreibung, dass er ab 1904 regelmäßig in Altaussee zu Gast war und sich hier ab 1919 mit seiner zweiten Ehefrau Marta Karlweis auf Dauer niederließ. 1923 erwarb die Familie mit der Andrian-Villa ihr eigenes Haus. Für Wassermann wurde auf diese Weise der ehemalige Ferienort zum idealen Lebensmittelpunkt, hier entstand sein erfolgreichster Roman „Der Fall Maurizius". 1933 wurden seine Bücher von den Nazis verboten und kurz darauf nahm sich Jakob Wassermann das Leben. Auch der „Vater des Zionismus", Theodor Herzl, kam mit seiner Familie gerne nach Altaussee. Der Einfachheit halber ließ er sein Fahrrad jedes Jahr im Ausseerland zurück.

Oben: Blick von der Fischerhütte, Altaussee
Rechts: Abendstimmung nach dem Gewitter in Altaussee

Dort stand es noch lange Zeit als Museumsstück im Literatur- und Heimatmuseum in Altaussee. Das Literaturmuseum, nach mehreren Umzügen in der ehemaligen Villa Auspitz, dem heutigen Kurhaus, untergebracht, wurde 1970 vom begeisterten Literaturliebhaber und Bad Ausseer Gendarmen Alois Mayrhuber gegründet. Hier kann man sich nicht nur über die literarische Vergangenheit und Gegenwart des Ausseerlandes informieren, sondern auch in den Werken der Autoren nachlesen. Den sogenannten Literaturgarten des Museums hat die in Altaussee lebende bekannte Literatin Barbara Frischmuth gestaltet. Neben dem Kurhaus befindet sich auch der Trinkbrunnen der Glaubersalzquelle. Eine weitere Möglichkeit, den Aufenthalten berühmter Künstler in Altaussee nachzuspüren, ist ein Spaziergang entlang der „Via Artis".

Die Schönheit des Ausseerlandes sowie seine sichere Lage inmitten der Berge blieben leider auch den Nationalsozialisten nicht verborgen. Die zahlreichen jüdischen Sommergäste Altaussees wurden vertrieben und enteignet. Nach dem Ende des Dritten Reiches wurden zwar einige der Häuser wieder restituiert, die Tradition der Sommerfrische hatte aber, wie auch an anderen Orten des Salzkammerguts, einen tiefen Einschnitt erlebt.

Die meisten Sehenswürdigkeiten Altaussees sind im ältesten Ortsteil Fischerndorf zu finden. Wie der Name vermuten lässt, war wohl der Fischfang frühester Erwerbszweig in Altaussee. Hier datieren die ältesten Häuser von 1550, das ehemalige Schneider-Wirtshaus, und das Koan-Thomann-Jokl-Haus von 1555. Betrachtet man die

Links: Morgennebel bei der Seeklause
Rechts: Villa in Altaussee

Oben: Adventkranzbinden bei Karin Lipburger in Altaussee
Rechts oben: Schneearbeiten in Fischerndorf, Altaussee
Rechts unten: Weihnachtliches Altaussee
Umseitig: Spiegelbild der Trisselwand im Altausseer See

lange Geschichte Altaussees, scheinen die Häuser nicht sehr alt, was sich wohl durch die kurze Lebensdauer dieser reinen Holzkonstruktionen erklären lässt. Die Altausseer Pfarrkirche, ebenfalls in Fischerndorf am See gelegen, wurde angeblich auf uralten Mauerresten errichtet. Urkundlich erwähnt wird sie jedenfalls erstmals im Jahre 1431 und wurde nach mehreren Umbauten 1860 von Kaiser Franz Joseph I. vergrößert. Unweit der Kirche, vorbei am Hotel am See und dem schönen Friedhof, liegt die ehemalige Villa Andrian, dann Villa Wassermann, in ihrem schönen Park.

Spaziert man zurück am Seeufer entlang Richtung Seeklause, wo die Altausseer Traun aus dem See abfließt, so kommt man an der ehemaligen Seevilla, heute das Hotel Seevilla, vorbei. Johannes Brahms' Klaviertrio in C-Dur wurde hier uraufgeführt, und noch immer sind die glanzvollen Feste und Matineen, die in der Villa stattfanden, in Altaussee Legende.

Gleich nebenan befindet sich eine Altausseer Institution: die Gradieranlage, eine Freiluft-Inhalationsanlage, bei der Sole auf Tannenreisig tropft und die von den Altausseern liebevoll instand gehalten wird.

Das beschauliche Dasein Altaussees wird jedes Jahr am ersten Wochenende im September unterbrochen. Am Kirtag, in dessen Mittelpunkt das Bierzelt der Freiwilligen Feuerwehr Altaussee steht, feiern Einheimische und Wahlausseer, selbstverständlich in Tracht, drei Tage lang. Die Altausseer Feuerwehr kann mit den Einnahmen dieses Wochenendes ihre Arbeit für das gesamte Jahr bestens finanzieren.

Die Siedlung Lupitsch, die zwischen Sandling und Pötschenstraße liegt, ist ebenfalls ein Ortsteil Altaussees. Oft wird behauptet, Lupitsch wäre ursprünglich als Strafkolonie angelegt worden, dafür gibt es jedoch keine Nachweise. Jedenfalls wurde auch hier im Mittelalter in einer Sudpfanne Salz produziert. Die Lupitscher nehmen

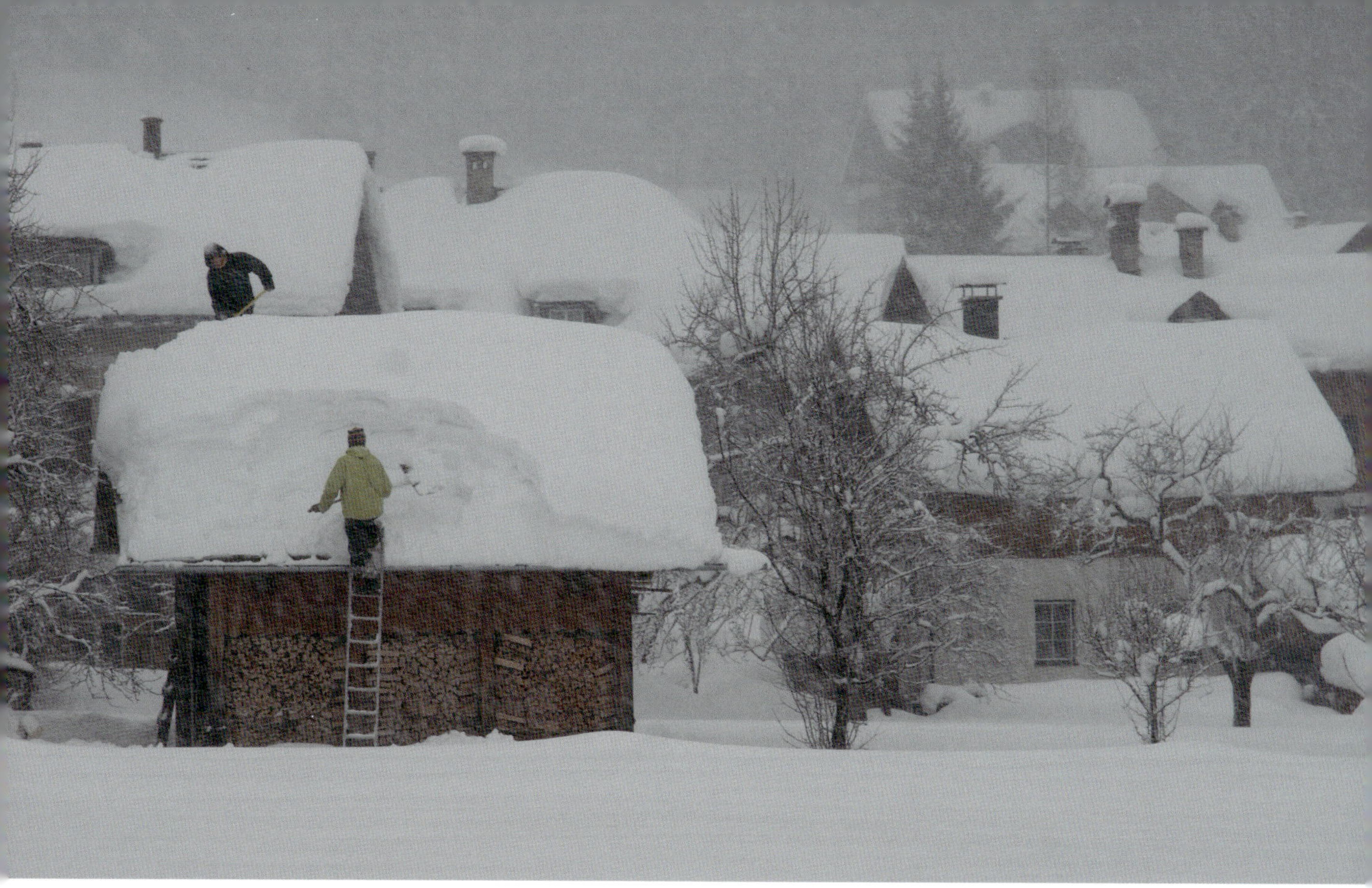
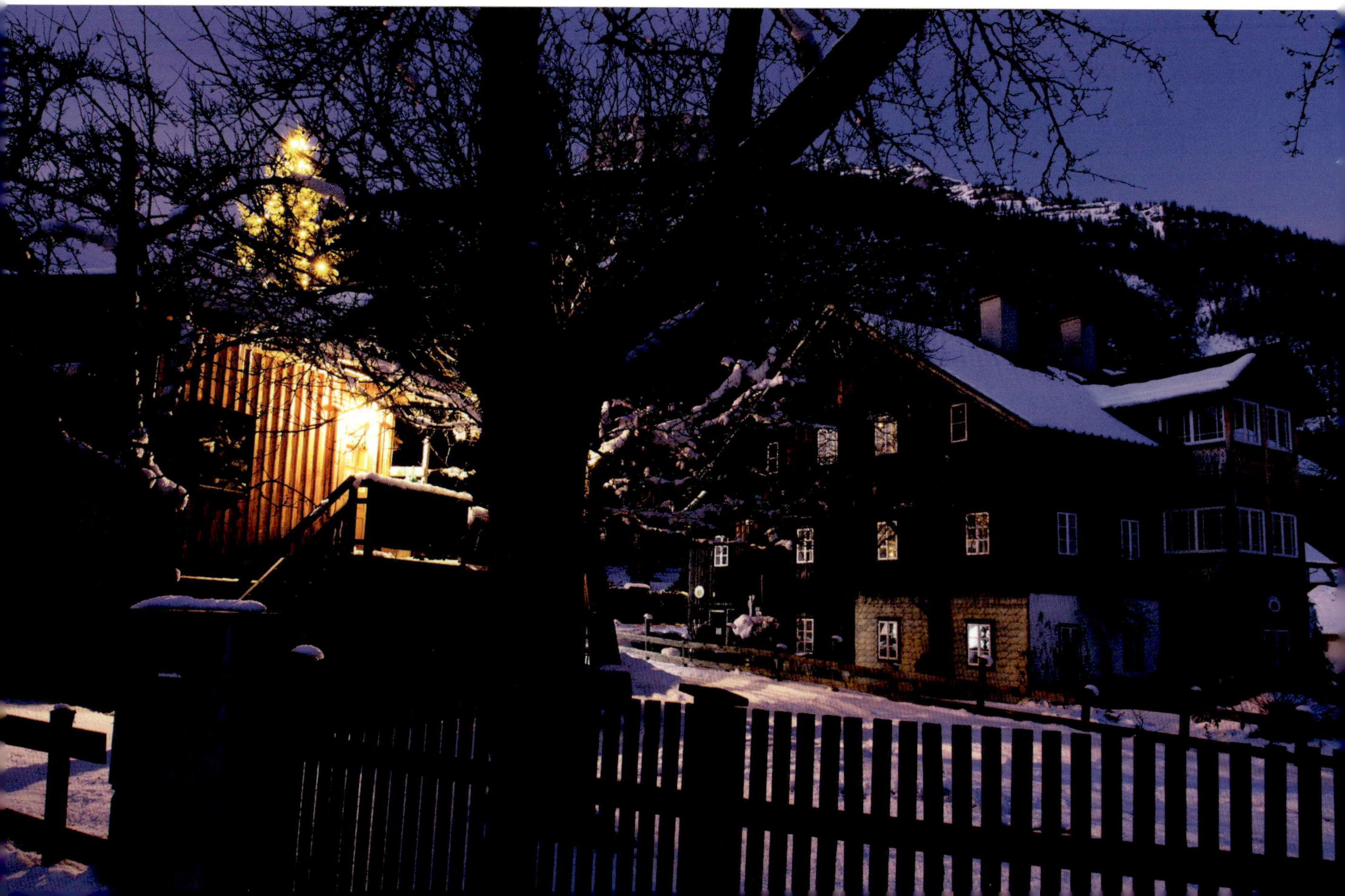

Vorseite links: Sommerfenster in Altaussee
Vorseite rechts: Das Loserfenster von der Gschwandtalm
Oben: Die Loserhütte am Loser bei Altaussee
Umseitig: Birnbaumspalier in Lupitsch

in Altaussee durch ihre Herkunft und Geschichte eine besondere Stellung ein.

Der 1838 Meter hohe Loser ist der Hausberg Altaussees. Charakteristisch ist seine Felskrone, die an eine Festung erinnert und an der man ihn schon von Weitem erkennen kann. Heute ist der Berg auf einer Mautstraße bis auf 1640 Meter Höhe befahrbar. Im Winter ist er ein beliebtes Skigebiet, im Sommer bieten sich viele Wanderungen am Loser selbst oder in das Tote Gebirge an. Einzigartige Ausblicke auf den Dachsteingletscher und über das Ausseerland lohnen diese Mühe. Beliebte Ziele sind der Augstsee und das sogenannte Loserfenster, ein natürlich entstandenes Felstor. Erstbezwinger der Trisselwand war übrigens ein gebürtiger Altausseer: Dr. Paul Preuß, legendärer Pionier des Freikletterns und berühmter Bergsteiger. Auch der beschauliche Wiesenwanderweg von Altaussee zur Blaa-Alm lohnt die Mühe, denn hier bieten sich immer wieder grandiose Ausblicke auf den Loser. Ein Rundgang um den Sandling führt nicht nur zur schönen hinteren und vorderen Sandlingalm, sondern auch an den schon von den Römern besiedelten Moosbergwiesen vorbei zum Ahornberg und somit zu den ältesten Stollen des Salzberges. Die in der Nähe gelegene Feste Pflindsberg wurde von Erzbischof Philipp von Sponheim im 13. Jahrhundert erbaut und war Sitz der Landespfleger. Bald wurde diesen die Abgeschiedenheit jedoch zu unbequem und ab dem 18. Jahrhundert verfiel das Schloss. Trotz düsterer Legenden über das Schloss lohnt sich ein Besuch, um die schöne Aussicht über Altaussee zu genießen.

Grundlsee

Grundlsee – dieser Name bezeichnet sowohl den größten See des Ausseerlandes und der Steiermark als auch die Gemeinde an seinen Ufern, die aus mehreren Ortschaften besteht, wobei der Hauptort Bräuhof ist. Untertressen, Gößl, Mosern und Archkogel bilden die anderen Orte. Während in Bad Aussee und Altaussee das Salz im Mittelpunkt stand, waren hier Fischfang, Holzwirtschaft, Jagd und Viehhaltung jahrhundertelang die wichtigsten Einnahmequellen. Grundlsee-Fische wurden schon von den Landesfürsten geschätzt. Eine erste Erwähnung der Deputate an den Hof im 13. Jahrhundert führt die ungeheure Menge von 6750 Fischen als Jahresabgabe an, im Jahre 1729 wurden immerhin 4168 lebende beziehungsweise geräucherte Saiblinge nach Wien geliefert. An diesen Zahlen ist der damalige Fischreichtum des Grundlsees abzulesen.

Baulich erinnert an diese wichtige Einnahmequelle der große Fischkalter, gleich bei der Seeklause am Beginn des Grundlsees. Der Kalter ist ein Holzbau, der auf Pfählen im Wasser steht und über eine Brücke mit dem Land verbunden ist. Er dient dazu, die gefangenen Fische in Unterwasserkäfigen in ihrem natürlichen Lebensraum auf Vorrat zu halten. Direkt neben dem Fischkalter befindet sich das alte Forsthaus, in dem bis zum 16. Jahrhundert der zuständige Fischmeister wohnte. Etwas weiter die Straße entlang stößt

Links: Bootshütte mit Blick auf die Villa Castiglioni am Grundlsee
Oben: Holzhütte in Gößl

Oben: Waschtag in Hopfgarten
Unten: Fetzenmarkt der Feuerwehr Grundlsee
Rechts: Pfarrkirche Grundlsee mit Blick zum Backenstein
Umseitig: Der Grundlsee nach dem Regen

man auf den „Kaiserlichen Stall", den noch immer der Doppeladler ziert. Heute wird dieses interessante Gebäude als Ausstellungsraum genützt. Auf der gegenüberliegenden Seeseite liegt die „Villa Castiglioni". 1881 erbaut, wurde sie 1920 von dem jüdischen Finanzjongleur Camillo Castiglioni erworben. Wenig später verlor er allerdings sein Vermögen und ab 1941 diente die Villa als Lagerort für beinahe 40.000 geraubte Bücher und Schriften, die Hitler hier für seine geplante Führerbibliothek in Linz lagern ließ. Wertvolle Originalpartituren von Richard Wagner waren darunter, sie sind seit Kriegsende spurlos verschwunden.

Das Wort Grundlsee stammt wahrscheinlich aus dem Altslawischen und leitet sich von „kroglo", was rund bedeutet, ab. Im 12. Jahrhundert wurde Grundlsee als „Chrungilsee" geschrieben, im Laufe der Jahrhunderte veränderte sich die Urform zum heutigen „Grundlsee". Der Name des am östlichen Ende des Sees gelegenen Ortes Gößl hat ebenfalls altslawische Wurzeln und Gößl ist auch die erste Ortschaft am Grundlsee, die um 1300 als „Gozzil" urkundlich erwähnt wird. Die ältesten noch erhaltenen Häuser der Gemeinde datieren jedenfalls aus dem 16. Jahrhundert. Die Kirche von Bräuhof wurde erst 1890 in einer gemeinschaftlichen Anstrengung von Einheimischen und reichen Wahlgrundlseern finanziert und von Max Cordignano erbaut.

Mehr als in anderen Ortschaften des Ausseerlandes wird am Grundlsee der Bezug der Gegend zum Holz deutlich: Viele der Häuser sind nur in ihren Fundamenten gemauert, der Rest ist aus Holz gefertigt. Und wie beinahe überall im Ausseerland findet sich eine überdachte und heute oft verglaste Laube, „Brückl" genannt. So kann man in den oft regenreichen Sommern zwar geschützt, aber doch noch im Freien sitzen.

Wie in anderen Orten der Gegend auch waren es jagdbegeisterte Aristokraten, die sich als Erste am Grundlsee ansiedelten, in diesem Fall die Familien Kinsky, Kesselstatt und Czernin. Später errichtete auch die Familie Meran ein Sommerhaus am Grundlsee. Passend zum Fischreichtum des Sees waren die ersten Touristen englische Sportfischer, später folgten Künstler und Intellektuelle. Sigmund Freud logierte im Sommer hier und soll besonders beim Schwammerlsuchen erfolgreich gewesen sein. Zu Beginn des 20. Jahrhunderts ließ sich die bereits erwähnte Dr. Eugenie Schwarzwald am Grundlsee nieder. Ihre „Villa Seeblick" wurde zum Treffpunkt für junge Künstler, Literaten und Philosophen. Die Schriftsteller Felix Braun, Franz Theodor Csokor, Klabund, Egon Friedell, Manès Sperber und Jakob Wassermann

Links: Bootshütte am Grundlsee im Schneesturm

Rechts: Dampfer Rudolf vor Anker – am Grundlsee gibt es während der Sommermonate regelmäßigen Schiffsverkehr

waren hier zu Gast. Ein reger demokratischer Gedankenaustausch fand statt, ab 1938 waren Orte wie die „Villa Seeblick" jedoch nicht mehr erwünscht – das „Erholungsheim für geistige Arbeiter" wurde geschlossen, Eugenie Schwarzwald verstarb 1940 im Exil in der Schweiz.

Am östlichen Ende des Grundlsees liegt die malerische Ortschaft Gößl. Hier hat sich eine einzigartige Form der Rechtsprechung erhalten. Jedes Jahr wird gemeinsam ein „Dorfrichter" ernannt, der bei Streitfällen oder Beschwerden mit den ansässigen Bauern im „Gasthof Veit" zu Rate sitzt. Die meisten Probleme können auf diese Art ohne fremde Einmischung ausdiskutiert und gelöst werden. Der Gasthof Veit ist eine lokale Sehenswürdigkeit für sich. Er wurde 1616 als Bauernhof erbaut, 1886 wurde daraus eine Gastwirtschaft. Noch heute ist der Gasthof Veit eine Institution. Der Gößler Ortsteil Wienern wiederum verdankt seinen Namen angeblich Wiener Bürgern, die vor der Pest hierhergeflohen waren.

Links: Idylle in Bräuhof
Oben: Detail aus der Pfarrkirche in Grundlsee
Unten: Gasthof Veit in Gößl

Oben: Maibaum vor dem Gasthof Schraml mit Blick zum Backenstein
Rechts: Weg von Gößl zum Toplitzsee
Umseitig: Herbststimmung am Grundlsee

Der schon öfter erwähnte Wiener Volkskundler Konrad Mautner ist einer der bekanntesten Wahlgrundlseer. Bereits als Kind verbrachte er seine Sommer in Gößl, wo die Familie im Gasthof Veit wohnte. Mautner erwarb später selbst ein Haus am See und eine Holzknechthütte in Gößl. Er liebte Land und Leute um den Grundlsee, half, wo er konnte, und wurde hier heimisch. Auch heute noch wird er ob seiner Verdienste um die Erhaltung der steirischen Tradition verehrt.

Die „Villa Roth" (heute „Schloss Grundlsee"), im 19. Jahrhundert von der gleichnamigen Industriellenfamilie als Jagdschloss erbaut, hat eine dunklere Geschichte. Das bekannte Schauspielerehepaar Attila Hörbiger und Paula Wessely hatte 1939 für den Sommer ein Stockwerk des Gebäudes gemietet. Am 1. September wurden die beiden dort von der Kriegserklärung überrascht. Kurz darauf entdeckte man den Verzweiflungsselbstmord eines jungen jüdischen Paares im selben Haus.

Ab 1941 wohnte dann die Familie Goebbels in der Villa Roth, einige der Kinder gingen in Gößl sogar zur Schule. Die Nationalsozialisten hatten das Ausseerland zur Sommerfrische für „Volksgenossen" erklärt, es sollte sichergestellt werden, dass hier niemand mehr „durch die Anwesenheit von Juden gestört werde", wie es in einer Verfügung hieß.

Links: Der Kammersee – Ursprung der Traun
Oben: Gedenkstein am Toplitzsee für Erzherzog Johann von Österreich und Anna Plochl
Unten: Wegweiser zu den Lahngangseen, Gößl

Folgt man bei Gößl dem Toplitzbach, der den Grundlsee mit dem Toplitz- und dem Kammersee verbindet, so kommt man an der Ranftlmühle vorbei, die an den Biedermeiermaler Johann Matthias Ranftl erinnert. Auch von Thomas Ender und Matthäus Loder, zwei der Kammermaler, die Erzherzog Johann auf seinen Reisen begleiteten, existieren wunderhübsche Ansichten des Grundlsees.

Historische Bedeutung hat der Toplitzsee zum einen als Ausgangspunkt und Sinnbild für die romantische Beziehung zwischen Erzherzog Johann und Anna Plochl: Am Ufer des Toplitzsees sahen die beiden einander zum ersten Mal. Ein Gedenkstein erinnert an den Tag ihrer Begegnung, wenngleich es nicht der „19. July 1819" war, wie dort geschrieben steht, sondern der 22. August desselben Jahres.

Zum anderen steht der See untrennbar mit dem Zweiten Weltkrieg in Verbindung. Hier fanden zwischen 1943 und 1945 zahlreiche waffentechnische Versuche der deutschen Kriegsmarine statt; im Gasthof Veit hatte man dazu eine Werkstatt eingerichtet, in der Villa Roth war die offizielle Dienststelle. Man plante unter anderem die Unterwasserrakete „Ursel", die allerdings nie realisiert wurde.

Gegen Ende des Krieges wurde der Toplitzsee außerdem dafür genutzt, Dinge zu vernichten,

Oben: Herbst am Vorderen Lahngangsee
Rechts: In Gößl

die niemand entdecken sollte. So wurden kistenweise gefälschte englische Pfundnoten versenkt, ebenso diverse Maschinen, Waffen und Akten. Angeblich sollen auch Goldreserven der Nazis im See gelandet sein – ein Gerücht, aufgrund dessen schon viele Tauchgänge, auch mit U-Booten, durchgeführt wurden. Bislang konnte man bis auf die gefälschten Banknoten jedoch nichts entdecken. Die Ufer des düsteren Toplitzsees sind so steil, dass eine Umrundung unmöglich ist.

Daher gelangt man nur mit einer Plätte zum anderen Ende und nach einem kurzen Spaziergang zum Kammersee, in den als schmaler Wasserfall der offizielle Ursprung der Traun rieselt. Hier ist anzumerken, dass sich im Ausseerland jeder Fluss Traun nennt, was zu Verwirrungen führen kann. Da gibt es die Grundlseer Traun, die Altausseer Traun, die Kainischtraun und schließlich noch die Koppentraun. Erst danach wird die Traun zur Traun.

Hoch über dem Grundlsee im Toten Gebirge liegen zwei weitere Seen, die ausschließlich zu Fuß zu erreichen sind: der Vordere und der Hintere Lahngangsee. Diese Gebirgsseen beeindrucken durch ihr Farbenspiel, das je nach Jahreszeit von Grün bis Nachtblau reicht, sowie durch die reiche Flora rund um ihre Ufer. Als Erzherzog Johann 1810 die Steiermark bereiste, verbrachte er mehrere Tage in den Hütten der Elmgrube nahe den Lahngangseen und erkundete mit seinen Gefährten die Gegend. Er bestieg unter anderem auch den Gipfel des nahen Salzofen. 114 Jahre später wurden zwei Jäger an ebendiesem Berg von schlechtem Wetter überrascht. Ferdl Schramml und Franz Köberl suchten Schutz in einer Höhle und fanden dabei etliche seltsame Tierknochen. Diese zeigten sie dem Schulrat Otto Körber, der von nun an der Erforschung der Salzofenhöhle sein Leben widmete. Oft wurde seine Annahme, dass in der Höhle nicht nur Tiere der Altsteinzeit Schutz suchten, sondern auch Menschen dort lebten, belächelt. Nach neueren Forschungen haben sich alle seine Theorien bestätigt.

Wanderungen von den Lahngangseen über die Hochkarstflächen des Toten Gebirges zur Pühringerhütte oder zum Albert-Appel-Haus und weiter über den Backenstein nach Grundlsee oder die Augstalm zum Altausseer See zählen zu den schönsten im Ausseerland.

Hinterer Lahngangsee
Umseitig: Spiegelung bei der Seeklause

Das Hinter-
bergertal

Von Bad Aussee gelangt man über die alte Salzstraße, vorbei an der Kirche St. Leonhard und über den Radlingpass in das Hinterbergertal, ein weites, sonniges Hochtal, das sich bis nach Tauplitz erstreckt. Heute verbindet auch eine breite Bundesstraße durch das enge Tal entlang der Kainischtraun Bad Aussee mit Unterkainisch, romantischer ist jedenfalls die Fahrt über die alte Salzstraße. Der Name des Tals leitet sich von der früheren Bezeichnung Hinterberg für Bad Mitterndorf ab und bezieht sich auf die Lage des Dorfes, das eben hinter dem Berg, genauer hinter dem Grimming, liegt. Um 800 n. Chr. wurde das Gebiet des Hinterbergertales von bairischen und slawischen Siedlern urbar gemacht.

Die Gemeinde Pichl-Kainisch, am westlichen Ende des Tales gelegen, ist besonders für den romantischen Ödensee bekannt, viele seltene Pflanzen gedeihen in diesem speziellen Mikroklima. Der Ödensee wird vom Schmelzwasser des Dachsteingletschers gespeist und ist als einer der kältesten Seen des Ausseerlandes bekannt. Früher wurde auf den umliegenden Wiesen auch Torf gestochen, der als Brennmaterial in den Ausseer Sudpfannen eingesetzt wurde. In der Nähe des Ödensees kann man jedes Frühjahr zur Schneeschmelze ein ganz besonderes Schauspiel beobachten. Aus riesigen Karstquellen, den sogenannten „Strumern" schießen für einige Wochen

Links: Blick vom Hinterbergertal zum Grimming
Oben: Dorfplatz in Obersdorf
Umseitig: Herbst am Steirersee, Tauplitzalm

Links: Die Strumern – Karstquellen bei Pichl-Kainisch
Oben: Winter bei Pichl-Kainisch

ungeheure Mengen an Schmelzwasser. Diese Karstquellen scheinen direkt mit dem Dachsteinstock verbunden.

Im 13. Jahrhundert wurde das Salz der Saline Aussee von Bauern des Hinterbergertales über die sogenannte Salzstraße bis nach Rottenmann gebracht. Die „Säumer" transportierten die in Stroh gehüllten Salzstöcke mit Saumtieren und auf Wagen. Andere Bauern aus Pichl-Kainisch boten den auf der Salzstraße Reisenden Herberge oder Bewirtung an. Das heutige Pichl-Kainisch hat seine dörflichen Strukturen erhalten, anstelle von Sommerfrische-Villen des Bürgertums dominiert bäuerliche Architektur. Einige Handwerksbetriebe haben sich hier angesiedelt, darunter auch einer der wenigen verbliebenen Bootsbauer im Ausseerland. In seiner Werkstätte werden Plätten noch nach altem Wissen und Vorbild aus lange gelagerten Lärchenstämmen von den umliegenden Bergen gefertigt.

Über dem Ort Obersdorf thront auf einem steilen Hügel die Wallfahrtskirche Maria Kumitz „Zur Schmerzhaften Gottesmutter Maria", die in der zweiten Hälfte des 18. Jahrhunderts aus Stiftungen erbaut wurde. Auch Obersdorf selbst hat sich seine ursprüngliche und ansprechende dörfliche Struktur erhalten.

Bad Mitterndorf, 1147 erstmals urkundlich erwähnt, ist heute ein moderner Kurort mit

Der Ödensee

Thermalbad, dem man vor allem den unglücklichen Bauboom der 1970er-Jahre ansieht. Im Winter ist die Gegend um Bad Mitterndorf bei Wintersportlern besonders für seine ausgedehnten Langlaufloipen beliebt. Die Therme Heilbrunn befindet sich etwas außerhalb des Ortszentrums am Eingang zum Salza-Stausee; bereits die Römer sollen hier in den warmen Quellen gebadet haben. Nahe den Thermen liegt das ursprünglich 1591 erbaute Schloss Grubegg. Nach zwei großen Bränden im 17. Jahrhundert wurde das Schloss als Herrenhaus wieder aufgebaut, die Bezeichnung „Schloss" verblieb. Heute ist es eines der hübschesten Hotels der Gegend.

Südöstlich von Bad Mitterndorf, in der Nähe des Dorfes Krungl, liegt die größte Naturschanze der Welt, der Kulm, auf dem jährlich internationale Skiflug-Wettbewerbe stattfinden. Krungl selbst ist bekannt für das Bad Mitterndorfer Nikolospiel, das jedes Jahr am 5. Dezember von dort seinen Ausgang nimmt. In der Nähe von Krungl befindet sich auch ein zwischen 800 und 1000 n. Chr. genütztes Gräberfeld mit wertvollen Funden altslawischer Kultur.

Wintersportler lockt es von Bad Mitterndorf auf die Tauplitzalm, das größte Skigebiet der Gegend. Man erreicht die Almhochfläche über eine Mautstraße mit wunderbaren Ausblicken auf das

Links: Schloss Grubegg
Oben: Die Knödlalm bei Knoppen

Dachsteinmassiv und den Grimmingstock. Auf dem Hochplateau gibt es sechs Seen, was die Tauplitz zum größten Seenhochplateau Mitteleuropas macht.

Der größte dieser Seen ist der Steirersee. Im Frühsommer ist die Alm mit blühendem Enzian und Almrausch bedeckt – dies macht es etwas leichter, die ins Auge springenden Bausünden der letzten Jahrzehnte zu vergessen. Beliebt ist die Tauplitzalm auch für Wanderungen im Herbst, wenn die dortigen Lärchenwälder ihre schöne gelbe Färbung erhalten.

Links: In der Werkstatt des Bootsbauers Felix Suchanek, Pichl-Kainisch
Oben: Blick über den Steirersee mit der Steirersee-Alm
Umseitig: Wiesen bei Krungl

Pürgg

Östlich von Tauplitz und schon am äußersten Rand des Ausseerlandes erreicht man den kleinen Ort Pürgg – ein Dorf, so romantisch wie aus alten Bilderbüchern. Pürgg liegt auf einem Plateau hoch über Stainach im Ennstal und direkt gegenüber dem Grimming, wo die alte Salzstraße aus dem Ausseerland ins Ennstal mündet.

Pürgg war wahrscheinlich schon in der Jungsteinzeit besiedelt und auch aus der Römerzeit gibt es spärliche Funde. Die Entdeckung eines Gräberfeldes aus der karolingisch-ottonischen Zeit bewies allerdings, dass der Ort schon im 9. Jahrhundert, also lange vor seiner ersten schriftlichen Erwähnung Siedlungsplatz war. Pürgg wird jedenfalls erstmals 1160 als „castrum Grauscharn" urkundlich erwähnt. Das Wort Grauscharn kommt wieder aus dem Slawischen und leitet sich von „grusci" (Geröll) ab.

Die Pfarrkirche Grauscharn, nach Überlieferung bereits 1130 geweiht, blieb bis ins 14. Jahrhundert auch Mutterkirche der Pfarre Aussee. Wahrscheinlich umfassten die Mauern der alten Pfalz sowohl die Pfarrkirche als auch die Johanneskapelle, für die Pürgg berühmt ist. Die Burg diente wohl dem Schutz der alten Salzstraße, wurde aber bereits mit dem Aussterben der Traungauer Markgrafen 1192 wieder aufgegeben. Annahmen, dass die Johanneskapelle, von Markgraf Ottokar III. (1125–1164) und Abt Gottfried I. von Admont

Links: Pfarrkirche St. Georg in Pürgg
Oben: Sommerfenster in Pürgg

gegründet, über einem keltischen Opferplatz errichtet wurde, haben sich bis heute nicht nachweisen lassen. Die romanische Kapelle liegt an einem schönen Aussichtspunkt, bemerkenswert ist aber vor allem ihr Innenraum mit Fresken aus dem 12. Jahrhundert. Hier sieht man auch eine Abbildung Ottokars III.

An der hinteren Südseite findet sich das berühmteste Motiv, der sogenannte Katzen-Mäuse-Krieg: Mäuse verteidigen mit Pfeil und Bogen ihre Burg gegen angreifende Katzen, von denen eine unter einem Schild Schutz sucht. Vermutlich bezieht sich die Darstellung auf eine antike Tierfabel Äsops und gilt als Metapher der „Macht der Schwachen über die Starken". Die Fresken in der Johanneskapelle sind jedenfalls die bedeutendsten romanischen Wandmalereien in der Steiermark. Die ebenfalls ursprünglich romanische Pfarrkirche von Pürgg, St. Georg, ist im Ortskern gelegen. Hier wurden in der Turmläutkammer Fresken vom Beginn des 14. Jahrhunderts freigelegt, in dieser Zeit wurde die Kirche im Stil der Gotik umgebaut. Erhalten ist heute auch noch das romanische Portal an der Westseite der Kirche mit schmiedeeisernen Spiralen zur Abwehr böser Geister.

Jedes Jahr an zwei Samstagen im Advent verwandelt sich das stille Dorf zum „Kripperl der Steiermark". Die Einwohner der zum Teil uralten Häuser öffnen diese zu einem ganz außergewöhnlichen Adventmarkt, bei dem auf traditionelle Handwerkskunst Wert gelegt wird. Eine ganz besondere Sehenswürdigkeit ist dabei die Krippenlandschaft der Familie Fahringer am Ende des Ortes.

In der Nähe von Pürgg, bereits im Ennstal, befindet sich auf einem Felsvorsprung am Fuß des Grimmings das Schloss Trautenfels, das im 13. Jahrhundert als Sperrfeste am Kreuzungspunkt der Salzstraße mit der Strecke durch das Ennstal errichtet wurde. Aus dieser Zeitperiode sind außen noch mächtige Rundtürme sowie Basteien

Links: Krippenlandschaft der Familie Fahringer
Rechts: Gemischtwarenhandlung Adam in Pürgg

Umseitig links: Johanneskapelle mit Blick auf die Pfarrkirche St. Georg und den Grimming

Umseitig rechts: Romanisches Portal der Pfarrkirche St. Georg in Pürgg

Fresko in der Johanneskapelle in Pürgg, welches den Katzen-Mäuse-Krieg darstellt

Umseitig: Sommergarten in Pürgg

Seite 201: Stadl am Reitererplateau

erhalten. Im Inneren schmücken schöne Renaissancefresken und Stuckaturen, die wahrscheinlich 1563 zur Hochzeit des damaligen Schlossbesitzers von einem norditalienischen Künstler geschaffen wurden, die Säle.

Bis zum 16. Jahrhundert wurde das Schloss Neuhaus genannt, daran erinnern noch die wenige Meter westlich des Schlosses gelegenen Reste der evangelischen Kirche Neuhaus, die zur Zeit der Reformation das bedeutendste religiöse Zentrum im oberen Ennstal war. 1664 erwarb der steirische Graf Siegmund Friedrich von Trauttmansdorff das Schloss, das von da an Trautenfels genannt wurde. Aus dieser Zeit stammen die Fresken von Carpoforo Tencalla, die den großen Marmorsaal zieren. In dem Schloss, das nach einigen Besitzerwechseln heute der Gemeinde Pürgg-Trautenfels und dem Land Steiermark gehört, ist derzeit ein Landschaftsmuseum zur Geschichte und Kultur der Gegend untergebracht.

Dominiert werden das Hinterbergertal und der Ort Pürgg vom Gebirgsstock des Grimming. Seine imposante Erscheinung ist vor allem darauf zurückzuführen, dass der 2351 Meter hohe Berg frei steht und nicht mit anderen Erhebungen verbunden ist. Lange galt er deshalb auch als der höchste Berg der Steiermark. Geologisch gesehen besteht der Grimming aus Dachsteinkalk und stellt eine abgebrochene Scholle des Massivs dar.

Danksagungen

Wie immer Lorenz und Stella für ihre Geduld; Johanna von Oswald, ohne die meine Reisen nicht möglich wären; Petra Lokway aus demselben Grund; Dr. Günter Graf für viele Korrekturen zur Geschichte; Dr. Gexi Tostmann für Hinweise zur Tracht; Peter Veigl für ebendiese; Graf Peter Eltz für großzügige Gastfreundschaft; Dr. Therese von Wietersheim-Meran für dieselbe und viele Anregungen; Karin Lipburger für vieles; Ernst Kammerer für das Öffnen von Türen; Robert Seebacher für Einblicke in das unterirdische Aussee; Anita Luttenberger und Alexandra Schepelmann für die angenehme Zusammenarbeit sowie Dr. Hannes Androsch und Salinen Austria AG, Erika Selzer und Museum im Kammerhof, Literaturmuseum Altaussee, Ernst Scholdan, Valerie Czernin und allen, die mich mitgenommen oder begleitet haben, die mich an ihrem profunden Wissen über das Ausseerland teilhaben ließen und mir freundlich und geduldig ihre Häuser und Werkstätten für Aufnahmen geöffnet haben.

Literatur

S. A. M. Adshead: Salt and Civilization. London: MacMillan, 1992.

Ferdinand von Andrian: Die Altausseer. Ein Beitrag zur Volkskunde des Salzkammerguts. Altaussee, 1975 (Originalausgabe 1905).

Winfried Aubell: Bergmann im Salz. Wels: Welsermühl, 1987.

Bernhard Barta (Hg.): Künstler & Kaiser im Salzkammergut. Wien: Christian Brandstätter Verlag, 2008.

Renate Basch-Ritter: Anna Plochl. Graz: Adeva, 2006.

Wolfgang C. Berndt u.a. (Hg.): Der Attersee. Die Kultur der Sommerfrische. Wien: Christian Brandstätter Verlag, 2008.

Paula Brandauer: Ausseer G'schichten. Altaussee: Eigenverlag, 2003.

Robert M. Edsel / Bret Witter: Monuments Men. Die Jagd nach Hitlers Raubkunst. St. Pölten: Residenz Verlag, 2013.

Johanna Gräfin zu Eltz: Das Ausseer Land. Altaussee: Eigenverlag, 1981 (Originalausgabe 1947).

René Freund: Aus der Mitte. Skizzen aus dem Salzkammergut. Wien: Picus Verlag, 1998.

Barbara Frischmuth: Löwenmaul und Irisschwert. Gartengeschichte. Berlin: Aufbau Verlag, 2003.

Barbara Frischmuth: Die Mystifikationen der Sophie Silber. Salzburg/Wien: Aufbau Verlag, 2001 (Originalausgabe 1976).

Dietmar Grieser: Nachsommertraum. St. Pölten: Niederösterreichisches Pressehaus, 1993.

Volker Hänsel (Hg.): Vom Leben auf der Alm. Ausstellungskatalog. Trautenfels: Verein Schloss Trautenfels, 1988.

Galerie Hassfurther (Hg.): Erzherzog Johann. Die Kammermaler. Auktionskatalog 23. Wien: Galerie Hassfurther, 1996.

Walter Herrmann: „Das Ausseerland. Keimzelle der Salzburger Festspiele." In: 75 Jahre Salzburger Festspiele. Bad Aussee: Verein der Freunde des Kammerhofmuseums, 1995.

Gundl Holaubek-Lawatsch: Alte Volkskunst. Steirische Trachten. Graz/Stuttgart: Leopold Stocker Verlag, 1993.

Hans Georg Kandolf (Hg.): Hans Vlasics (1897-1962) oder „Exil in der Heimat". Bad Aussee: Verein der Freunde des Kammerhofmuseums, 1989.

Ernst Keiter: Die Sommerfrischen am Attersee, Mondsee und Wolfgangsee. Wien: Wilhelm Braumüller K. K. Hof- und Universitätsbuchhändler, 1882.

Anton Kern u.a. (Hg.): Salz-Reich. 7000 Jahre Hallstatt. Wien: Verlag des Naturhistorischen Museums Wien, 2008.

Joachim Klinger (Hg.): Salzkammergut. Wien: Verlag Christian Brandstätter, 1990.

Alfred Komarek: Ausseerland. Die Bühne hinter den Kulissen. Wien: Kremayr & Scheriau, 1992.

Alfred Komarek: Österreich mit einer Prise Salz. Ein Mineral macht Geschichte. Wien: Kremayr & Scheriau, 1998.

Alfred Komarek: Salzkammergut. Reise durch ein unbekanntes Land. Wien: Kremayr & Scheriau, 1994.

Diether Kramer: Artikel für die Festschrift DIE PÜRGG, 1980. Online unter: http://www.puergg-trautenfels.at/media/files/Geschichte%20von%20P%C3%BCrgg,%20Dr.%20Diether%20Kramer.pdf.

Mark Kurlansky: Salz. Der Stoff, der die Welt veränderte. Berlin: Ullstein, 2004.

Reinhard Lamer: Das Ausseerland – Geschichte und Kultur einer Landschaft. Wien: Styria Verlag, 1998.

Franz C. Lipp / Eva Bakos (Hg.): Tracht in Österreich. Geschichte und Gegenwart. Wien: Christian Brandstätter Verlag, 2004.

Lutz Maurer (Hg.): Wenn du nur schon bey mir waerest... Aus Tagebüchern und Briefen von Erzherzog Johann und Anna Plochl. Grundlseer Schriften Band 1. Grundlsee, 1997.

Friedrich Morton: Der urzeitliche Salzbergbau in Hallstatt. Wien: Montan Verlag, 1963.

Dieter Neumann / Rudolf Lehr: Menschen, Mythen, Monarchen in Bad Ischl. Bad Ischl: Salzkammergut Media, 2008.

Heinrich Noë: Österreichisches Seenbuch. München: Hugendubel Verlag, 1983 (Originalausgabe 1867).

Elisabeth Orth: An meine Gegend. Bad Aussee: Alpenpost, 1995.

Wolfgang Otte: Ein Blick ins Ausseerland. Aus Albert Rastls Fotoalbum. Ausstellungskatalog. Trautenfels: Verein Schloss Trautenfels, 1993.

Robert Pauritsch / Norbert Adam: Brauchtum in der Steiermark. Feste, Bräuche, Rezepte. Wien: Styria Verlag, 2007.

Barbara Reiter / Michael Wistuba: Salzburg / Salzkammergut. Erlangen: Michael Müller Verlag, 2006.

Nora Schönfellinger (Hg.): Conrad Mautner, grosses Talent. Ein Wiener Volkskundler aus dem Ausseerland. Grundlseer Schriften Band 3. Grundlsee, 1999.

Erika Selzer (Hg.): 1945. Ende und Anfang im Ausseerland. Katalog zur Ausstellung. Bad Aussee: Verein der Freunde des Kammerhofmuseums, 1995.

Erika Selzer (Hg.): Michael Moser. Aussee-Japan. Katalog zur Ausstellung. Bad Aussee: Verein der Freunde des Kammerhofmuseums, 2013.

Viktor Theiss: Erzherzog Johann. Der steirische Prinz. Wien (u.a.): Hermann Böhlaus Nachfolger, 1981.

Gesine Maria Tostmann: Tracht und Mode in Österreich. Traditionseinflüsse in der Kleidung der Gegenwart. Wien: 1967.

Christoph Wagner / Kurt-Michael Westermann: Salzkammergut. Natur- und Kulturlandschaft. Wien: Edition Christian Brandstätter, 1996.

Maria Th. von Wietersheim-Meran: Anna. Gräfin von Meran. Gmund: Edition Muße, 2010.

Franz Winter: Operation Rheingold. Wien: Braumüller Verlag, 2011.

Gerhard Zauner: Verschollene Schätze im Salzkammergut. Die Suche nach dem geheimnisumwitterten Nazi-Gold. Graz/Stuttgart: Leopold Stocker Verlag, 2003.

Register

Ahornberg 12, 151
Albert-Appel-Haus 172
Albrecht I,
    Herzog von Österreich 16, 134
Albrecht II,
    Herzog von Österreich 16f
Albrecht III,
    Herzog von Österreich 16
Almtalgebiet 37
Alpenrock 91
Altaussee 5, 7, 12f, 22f, 27, 34f,
    37, 57, 63f, 67ff, 73ff, 80, 84,
    94, 97–105, 133f, 139ff, 143ff,
    148, 151, 155
Altausseer Pfarrkirche 144
Altausseer Salzbergwerk / Saline
    9f, 16, 23, 26f, 37, 73, 182
Altausseer See 4f, 14f, 19, 57ff
    63, 70f, 80, 83, 105f, 132–137,
    140, 142, 144, 146f, 172
Altausseer Traun 12, 115, 126,
    144, 171
Alten, Grafen von (Familie) 139
Andrian (Villa) 140, 144
Andrian, Freiherr Leopold von 57
Andrian-Werburg Freiherr
    Ferdinand von 45, 140
Archkogel 155
Attersee 37
Auernheimer, Raoul 58, 63, 140
Augstalm 30, 172
Augstsee 31, 80, 151
Auspitz (Villa) 143
Ausseer Geigenmusi
    (Musikgruppe) 91
Ausseer Hardbradler
    (Musikgruppe) 91

Backenstein 107, 157, 164, 172
Bad Aussee 5, 7, 12, 17, 22, 26,
    37, 45, 46, 49, 51–53, 55, 57,
    63, 67f, 72f, 76f, 92–96, 114ff,
    118f, 120f, 123, 126, 129, 131,
    134, 139, 155, 177
Bad Ischl 19, 22
Bad Mitterndorf 5, 7, 30, 32,
    108–113, 115, 177, 182, 184
Bahr, Hermann 57f, 140
Beer-Hofmann, Richard 57f, 140
Berchtesgaden 22
Binzer, August von 57
Binzer, Emilie von 57
Binzer, Familie von 57
Blaa-Alm 87ff, 91, 138f, 151
Blaue Traube (Gasthof) 117, 120
Botticelli, Sandro 26
Bradlmusi (Musikgruppe) 91
Brahms, Johannes 58, 140, 144
Brandauer, Klaus Maria 67, 139

Brandhof (Schloss) 17, 116
Bräuhof 155ff, 162f
Braun, Felix 65, 160
Breunerbergstollen 11
Broch, Hermann 57, 65, 140
Brueghel 26
Budweis 19
Burger, Wilhelm 65

Canetti, Elias 67
Castiglioni (Villa) 22f, 154, 156
Castiglioni, Camillo 156
Chlumetzkyplatz 123
Cordignano, Max 126, 156
Csokor, Franz Theodor 160
Czernin, Grafen von (Familie)
    139, 160
Czernin, Graf Hubertus von 58

Dachstein 5, 29f, 32, 129, 134f,
    151, 177, 182, 187, 197
Dahlke, Paul 65
Die Seer (Musikgruppe) 85, 91
Dürrnberg 12

Ebensee 123
Ebenseer Saline 27, 123
Eder, Handdruckerei 52, 54
Eichendorff, Joseph von 57
Eichmann, Adolf 22
Eigruber, August 22, 26
Elmgrube 32, 172
Eltz (Villa) 139
Eltz, Grafen von (Familie) 139
Eltz, Gräfin Johanna von 63f
Ender, Thomas 169
Ennstal 5, 7, 191f, 197
Ermann, Familie 120
Eybner, Richard 63

Fahringer, Familie 192
Fischerndorf 68f, 80, 143–145
Frankfurt am Main 17
Franz I, Kaiser von Österreich
    17, 116
Franz Joseph I, Kaiser von
    Österreich-Ungarn 19, 22, 40,
    45, 139, 144
Franz Karl, Erzherzog von
    Österreich 19
Freud, Sigmund 65, 160
Friedell, Egon 160
Friedrich III,
    Kaiser des Hl. Röm. Reiches 1
    7, 120, 123
Frischmuth, Barbara 67f, 143
Fronbadestube (Badeanstalt
    Vitzthum) 126
Fuschlsee 37

Gabillon, Ludwig 65
Gamssulzenhöhle 30
Geramb, Viktor von 46, 64
Gerhart-Dahlke, Elfe 65
Glaubersalzquelle 143
Gmunden 16, 22
Goebbels, Familie 22, 164
Goisern 86
Goisern, Hubert von 91
Görz-Tirol, Elisabeth von 16
Gößl 7, 46, 53, 64f, 155f, 163–
    165, 169, 171
Gottfried I, Abt von Admont 191
Götz, Josef 19
Grafl, Josef Hans 23
Grauscharn (Pfarrkirche) 191
Graz 12, 17
Grillparzer, Franz 57
Grimming 5, 29, 176f, 187, 191f,
    194, 197
Großer Tragl 29
Grubegg (Schloss) 184
Grundlsee (Ort) 5ff, 17, 22, 54,
    64, 66, 68, 107, 116, 155f, 172
Grundlsee (See) 17, 22, 46, 64f,
    80f, 83, 94, 105, 154, 155,
    158–161, 163f, 166f
Grundlseer Geigenmusi
    (Musikgruppe) 91
Grundlseer Traun
    12, 115, 120, 171
Gschwandalm 28

Habsburger 12, 16–19, 37, 40, 76,
    80, 115f
Hager, Angelika (Pseudonym
    Polly Adler) 63
Hallein 12, 16
Hallinger 12, 16f, 115
Hallstatt 8, 10ff, 16
Hallstätter See 5
Heilbrunn (Therme) 184
Herzheimer, Hans 115, 131
Herzl, Theodor 57f, 140
Herzmanovsky-Orlando,
    Fritz von 57, 140
Hinterbergertal 5, 111, 176f,
    182, 197
Hitler, Adolf 22f, 26, 156
Hofmannsthal, Hugo von 57,
    63, 140
Högler, Otto 26f
Hohenlohe,
    Prinzessin Franziska zu 139
Hohenlohe-Schillingfürst, Fürst
    Chlodwig zu 37, 64, 133, 139
Hohenlohe-Schillingfürst, Fürstin
    Marie zu 37, 45, 64, 133, 139
Hopfgarten 156

Hörbiger, Attila 58, 65, 164
Hotel am See 22, 144
Hotel Post 129
Höttl, Wilhelm 22

Ischlland 16, 115

Johann von Österreich, Erzherzog
    17ff, 40, 51, 116, 169, 172
Johanneskapelle 191f, 194, 196
Johanneum 19
Joseph II, Kaiser des Hl. Röm.
    Reiches 17

Kainischtraun 171, 177
Kainz, Josef 65
Kaiser von Österreich (Hotel) 129
Kaltenbrunner, Ernst 22, 26f
Kammergebirge 32
Kammerhof 120, 122f
Kammersee 5, 168f, 171
Karajan, Herbert von 58
Karl I, Kaiser von Österreich 139
Karl V, Kaiser des Hl. Röm.
    Reiches 51
Karlweis, Marta 140
Kerry (Villa) 22
Kerry, Christl 63
Kesselstatt, Grafen von (Familie)
    160
Khalß, Grafen von (Familie) 16
Kienzl, Wilhelm 58, 129
Kinsky, Grafen von (Familie) 160
Kirtag 74f, 100–105, 144
Klabund (Alfred Henschke) 160
Knödlalm 184
Koan-Thomann-Jokl-Haus 143
Köberl, Franz 172
Köberl, Leopold 23
Kobinger, Hans 65
Komarek, Alfred 68
Koppental 7
Koppentraun 171
Körber, Otto 172
Krungl / Krungler Gräberfeld 7,
    111f, 184, 188f
Kubie, Wilhelm 58

Lahngangseen 7, 33, 37, 80,
    169–173
Lanz, Gretl 53
Lauffen 7
Lechpartie 4, 77ff, 82f
Leithner, Hutmacher 44, 48, 51
Lenau, Nikolaus 57, 131, 140
Lenauhügel 57, 131
Leopold III, Herzog von
    Österreich 16
Lewandofsky (Café) 129

Linz 156
Lipburger, Karin 144
Loder, Matthäus 169
Loser / Loserhütte 7, 28, 30, 31, 80, 100, 133f, 138f, 149–151
Lupitsch 80, 144, 152f
Luther, Martin 17

Mahler, Gustav 58, 63
Maria Kumitz (Wallfahrtskirche) 182
Mautner, Anna 53f
Mautner, Konrad 45f, 49, 53ff, 64f, 85f, 164
Maximilian I, Erzherzog von Österreich 17, 123, 139
Mayrhofer, Eberhard 26f
Mayrhuber, Alois 58, 143
Meran (Ort) 116
Meran, Grafen von (Familie) 17, 160
Meran, Graf Franz von 17, 116
Meranhaus / Meranplatz 116, 121
Michel, Hermann 27
Michelangelo Buonarroti 26
Michelhallberg 11
Mitterer, Felix 67, 139
Mondseeland 37
Moosberg 12, 151
Moser, Hans 23
Moser, Michael 65, 67
Mosern 155

Narzissenfest 42f, 105ff
Nassau-Weilburg, Herzog Adolph von 139
Neuhaus (Schloss) 197
Niederösterreich 16, 105
Nostitz, Helene von 63

Oberösterreich 16
Obersalzberg 22
Obersdorf 94, 177, 182
Obertraun 5
Obertressen 60f, 63
Ödensee / Ödenseegebiet 5, 37ff, 177, 182f
Orth, Elisabeth 65
Ottokar III, Markgraf der Steiermark 12, 191f
Ozonloch 30

Paris 53
Pfannhauser 12, 17, 123
Pfeifertag 40f, 50f, 86–91
Pfindsberg (Ruine) 151
Pfindsberg, Herrschaft 126
Pichl-Kainisch 5, 67, 177, 180ff, 184-186

Planeralm 30
Plattenkogel 133
Plieseis, Sepp 23
Plochl, Anna, Freifrau von Brandhofen, Gräfin von Meran 17, 51, 116, 169
Pochmüller, Emmerich 26f
Poden, Familie 120
Podenhaus 120
Pötschen / Pötschenpass 5, 7, 120, 131
Praunfalk, Christoph von 129
Preuß, Paul 151
Pühringerhütte 172
Pürgg 190–195, 196ff
Pürgg-Trautenfels 197
Pygmäenloch 30

Radlingpass 115, 120, 127, 177
Raich, Trachtenschneiderei 46, 55
Ramsauer, Johann Georg 11
Ranftl, Johann Matthias 65, 169
Ranftmühle 169
Rastl, Albert 67
Raunende Luck'n 30
Rebenburg (Haus) 65
Reich-Ranicki, Marcel 58
Rein (Stift) 12
Reitererplateau 129ff, 201
Reitern 57
Rembrandt van Rijn 26
Rosegger, Peter 58
Roßmoosalm 86
Roth (Villa) 22, 24f, 164, 169
Rubens, Peter Paul 26
Rudolf II, Erzherzog von Österreich 27
Rudolfsturm 16

Salza-Stausee 184
Salzburg 12, 22
Salzkammergut 5, 8, 10, 12, 16f, 22, 27, 32, 37, 45f, 49, 64, 68, 85f, 89, 97, 105, 115, 129, 133, 143
Salzkammergutbahn 129
Salzofen / Salzofenhöhle 7, 172
Salzstraße 115, 120, 127, 177, 182, 191f
Sandling / Sandlingalm 5, 7, 11ff, 27, 29, 34f, 115, 133f, 139, 144, 151
Sarstein 5, 29, 124f, 131
Schenna (Schloss) 17, 116
Schneiderwirt 37, 94, 97, 139, 143
Schnitzler, Arthur 57f, 63, 64, 140
Schönberg-Höhlensystem 30
Schönborn (Villa) 64

Schönborn, Grafen von (Familie) 139
Schraml, Gasthof 66, 164
Schramml, Ferdl 172
Schwaiberalm 37
Schwarzmooskogel-Höhlensystem (Schneevulkanhalle) 30, 31
Schwarzwald, Eugenie 64f, 160, 163
Schweiz 163
Seebacher, Robert 30
Seeblick (Villa) 64, 160, 163
Seeklause 70f, 142, 144, 174f
Seevilla (Hotel) 144
Seiberl, Herbert 26
Shakespeare, William 67
Sisi (Elisabeth), Kaiserin von Österreich 22, 139
Skorzeny, Otto 22
Sommersbergsee 124f, 128f, 131
Sonnenstrahlhöhle 30
Sophie, Prinzessin von Bayern, Erzherzogin von Österreich 19
Sperber, Manès 160
Spitalskirche 114, 120
Sponheim, Erzbischof Philipp von 151
St. Georg (Pfarrkirche) 190, 192, 194f
St. Leonhard (Filialkirche) 120, 177
St. Paul (Pfarrkirche) 16, 118ff, 126f
Stainach 191
Stainz (Schloss) 17
Steiermark 16f, 105, 155, 192, 197
Steinberghaus 10
Steirersee 36, 80, 178f, 187
Stifter, Adalbert 57
Strauss, Richard 58
Suchanek, Felix 186

Tarra, Valentin 23
Tauplitz / Tauplitzalm 5, 30, 36, 177ff, 184, 187, 191
Tazerturm 126
Tencalla, Carpoforo 197
Tirol 17
Toplitzbach 169
Toplitzsee 5, 17, 80, 116, 165, 169, 171
Torberg, Friedrich 58, 63, 133, 140
Tostmann, Gexi 55
Totes Gebirge 5, 7, 27–30, 32, 37, 100, 134, 151, 172
Traun / Trauntal 16, 37, 115, 168, 171
Trautenfels (Schloss) 192

Trauttmansdorff, Grafen von (Familie) 139
Trauttmansdorff, Graf Siegmund Friedrich von 197
Tressen 7
Triest 19
Trisselwand 14f, 100, 133, 146f, 151

Unterkainisch 126, 177
Untertressen 155
USA 54

Van Dyck 26
Van Eyck, Brüder 23
Veigl, Peter 53
Veit (Gasthof) 163, 169
Venedig 94
Vermeer, Jan 26
Via Artis (Grundlsee, Bad Aussee, Altaussee) 68, 143
Vordernberg 17, 116

Wagner, Richard 156
Wasnerin (Hotel) 129
Wassermann (Villa) 144
Wassermann, Jakob 57, 63, 140, 160
Weigel, Hans 55
Weißes Rössel (Gasthof) 115
Wessely, Paula 53, 58, 65, 164
Westarp, Gräfin Gisela von 22
Wien 17, 22, 45, 76, 80, 123, 155, 163
Wienern 6
Wildenseealm / Wildenseehütte 27, 30, 37
Wilhelm I, deutscher Kaiser 139
Wirer, Franz 19
Wolfgangseegebiet 37

Zand, Herbert 67
Zedlitz und Nimmersatt, Familie von 57
Zoder, Raimund 89
Zweig, Stefan 58, 140
Zwiedineck (Villa) 139
Zwiedineck Südenhorst, General von 139

Umseitig:
Schild in Obersdorf

Nachwort

Hier endet unsere Reise durch das Ausseerland, wir hoffen, sie hat Ihnen gefallen und Sie konnten Neues entdecken oder Vertrautes aus einem anderen Blickwinkel sehen. Wir haben uns bemüht, dieser vielschichtigen Gegend in Bild und Text gerecht zu werden. Leider konnte vieles aus Platzmangel nicht erwähnt oder gezeigt werden. Wir haben versucht, aus diversen, oft konträren Quellen korrekt zu zitieren. Sollten uns dennoch Fehler unterlaufen sein, so bitten wir um Nachsicht.